Amor
SEM CRISE

Revisão:
Ruy Azevedo
Editoração Eletrônica:
João Carlos de Pinho

Direção de Arte
Luiz Antonio Gasparetto
Capa / Produção Gráfica
Kátia Cabello

4ª edição
Julho • 2002
10.000 exemplares

Publicação, Distribuição
Impressão e Acabamento
CENTRO DE ESTUDOS
VIDA & CONSCIÊNCIA EDITORA LTDA.

Rua Agostinho Gomes, 2312
Ipiranga • CEP 04206-001
São Paulo • SP • Brasil
Fone / Fax: (11) 6161-2739 / 6161-2670
E-mail: gasparetto@snet.com.br
Site: www.gasparetto.com.br

É proibida a reprodução
de parte ou da totalidade
dos textos sem autorização
prévia do editor.

VALCAPELLI

Amor
SEM CRISE

SUMÁRIO

Capítulo 1
O amor na sua mais pura expressão 11
Características do amor. 21

Capítulo 2
Paixão 25
Paixão virtual 30

Capítulo 3
Ódio. 33

Capítulo 4
Neuroses do amor. 37
Tipos de neurose 38
Neurose materna 41

Capítulo 5
Tipos de amor 47
Amor pleno. 48
Amor infantil 51
Amor oportunista 54
Amor interesseiro 58
Amor romântico 61

Capítulo 6
Relacionamento 65
Família, a base afetiva 66
Relacionamento adolescente 69
Relacionamento adulto. 71

Conquista 73
Simpatias e mandingas 75
O verdadeiro e o falso no relacionamento 81
Vida a dois 84
Problemas no relacionamento 90
Apego 91
Fantasia 93
Ilusão 94
Ciúme 95
Inveja 96
A troca de parceiro 98
Traição 99
O fim do relacionamento 102

Capítulo 7
Sexo 105
Sensualidade e sexualidade 106
Masturbação 108
Orgasmo 112
Repressão sexual 113
Rejeição 116
Expectativa 117
Ansiedade 118
Amor e sexo 119

AGRADECIMENTOS

Agradeço a minha esposa Gleides, por sua significativa presença em minha vida e por ter contribuído para a elaboração deste livro.

Ao mestre e amigo Gasparetto, pelas lições de vida que contribuíram para meu desenvolvimento pessoal.

Em especial, agradeço à vida, à natureza e a Deus, por tudo que sou e tudo que faço.

Capítulo 1

O AMOR EM SUA MAIS PURA EXPRESSÃO

O amor é uma fonte de energia que brota da alma, invade e expande toda a "consciência do ser"[1]. É uma força que transcende a razão e faz com que o enamorado vença o isolamento e o egoísmo: ele passa a interagir com tudo que existe a sua volta, com a natureza e os seres vivos, com toda a humanidade[2].

Esse sentimento[3] representa a capacidade de expansão contínua da consciência. Ele nasce no peito e se estende por todo o corpo, transpira pelos poros, atinge o ambiente e inunda toda a vida com ternura e afetividade.

---

1. A **consciência do ser** refere-se ao "eu consciente", simplesmente. É a lucidez adquirida com as experiências de vida; o reconhecimento dos próprios potenciais e a identificação das causas dos acontecimentos cotidianos.

2. Refiro-me aqui ao **amor incondicional**, ou seja, aquele que existe independentemente do fato de ser ou não correspondido. A expressão do próprio sentimento é que desenvolve a capacidade de amar, e isso é fundamental para que você tenha condições de ser amado por alguém.

3. Sentimento é a faculdade de perceber as qualidades mais profundas do ser, como o amor e a espiritualidade.

À medida que manifesta o seu sentimento, o ser amplia sua lucidez e desenvolve os potenciais latentes na alma. A alma evolui de acordo com a intensidade de seu amor. *A capacidade de amar é de todos:* basta liberar o sentimento, preservar a ternura, manifestar seu afeto, que o amor se torna presente.

Não existe segredo para o amor; desprenda-se dos critérios e das condições que você impõe para amar e deixe que o amor se manifeste sem bloqueios ou mistérios: é só sentir e viver.

Suas exigências restringem a sua capacidade de amar. Você faz tantas cobranças à pessoa amada que não sobra espaço para sentir seu amor por ela. Você só aceita amar alguém que lhe dê atenção, carinho, compreensão e amor. É claro que a reciprocidade faz parte de uma relação saudável; no entanto, para que você possa construir esse relacionamento, é necessário que seja capaz de amar alguém sem depender dos critérios que determinam a pessoa ideal para receber o seu amor.

Não adianta esperar ser correspondido para amar; é necessário entregar-se ao amor para recebê-lo da pessoa amada. Essa entrega não pode ser acompanhada de auto-abandono. Para receber carinho, compreensão e amor, é preciso manter uma elevada auto-estima ao amar alguém; você não pode descuidar de si nem desprezar as coisas que também são importantes na vida, como sua carreira profissional e seus objetivos pessoais. Permaneça atento a sua condição interna, porque *você é a fonte do sentimento de amor que existe por alguém.* Essa postura vai permitir a manifestação do amor e estabelecer relacionamentos saudáveis em sua vida.

E, ainda, para que o amor flua de forma cada vez mais intensa em você, procure não resistir aos sentimentos. Abra-se para a experiência afetiva, mas não perca o referencial do amor e da vida, que é você mesmo.

É por intermédio da pessoa amada que você sente o seu amor. Ela é quem provoca esse sentimento; sua presença é fundamental para que o amor se manifeste em você. Por sua vez, a pessoa amada tem a oportunidade de corresponder; afinal, as qualidades que o amor desperta em você são direcionadas para ela. Essas qualidades beneficiam quem ama, por poder expressar seu sentimento, e quem é amado, que é o objetivo de toda a afetividade. Quem ama não aspira a um bem-estar egocêntrico, mas ao bem-estar do casal.

É por meio do amor que o ser interage com o mundo, ampliando sua consciência e compreendendo melhor a vida. O amor torna o ser consciente de que a vida é um grande laboratório que possibilita a manifestação dos processos individuais e o desenvolvimento de todas as experiências em prol da evolução da alma.

Não compreendemos a maior parte dos acontecimentos da vida do parceiro; no entanto, quando existe amor, há respeito pelas experiências do outro.

O sentimento integra o ser com o mundo. Quando se ama, tudo adquire um significado especial: o enamorado deixa de simplesmente existir e passa a viver plenamente.

O amor desperta a sensibilidade. O enamorado passa a notar a beleza da vida e da natureza; sente-se mais disposto e sensual, com mais vontade de viver.

Os obstáculos na vida de quem ama são encarados como desafios. O objetivo é prosperar no mundo externo, bem como fortalecer seu mundo interno por meio das experiências.

O amor dá um novo sentido à vida, que passa ao largo das reclamações, das desavenças e dos pequenos aborrecimentos cotidianos. Nada disso afeta o ser enamorado: viver com o amor no coração é não se deixar abater pelas situações do dia-a-dia.

Não há vazio na vida de quem ama: a pessoa se sente preenchida pelo sentimento de amor que abriga no peito. *A solidão não faz morada no coração de quem ama.*

O amor é um sentimento que ninguém consegue explicar: é preciso viver a interação amorosa para compreendê-la.

Quem não se abre para o sentimento não vive um grande amor; conseqüentemente, o processo evolutivo dessa pessoa fica bloqueado.

Os grandes mestres da humanidade, conhecedores desse nível mais profundo do ser, pregavam a importância do amor para atingir a evolução espiritual.

O amor pode ser comparado com o elemento água, que é capaz de interagir com as substâncias do solo por onde corre. Se passar por um solo de terra, a água imediatamente fica da cor do barro; se correr por entre minérios escuros, torna-se escura. Ela arrasta também as substâncias que encontra em seu curso, mas em nenhum momento deixa de ser água.

Do mesmo modo, o amor é despertado pelas pessoas com as quais compartilhamos diversas experiências de vida, porém não deixamos de ser quem somos.

Mais importante do que os elementos existentes no curso das águas, com os quais elas se misturam, é que elas possam rolar. O amor também tem essa mesma característica: seu fluxo é imprescindível para o ser humano. *É mais importante amar alguém do que viver escolhendo uma pessoa ideal para viver um grande amor.*

O amor não tem destino certo: simplesmente se manifesta por alguém. Não se pode escolher a quem amar. Quando o sentimento é expresso, ele estabelece relações saudáveis; quando reprimimos ou bloqueamos aquilo que sentimos por alguém, nós nos isolamos e o relacionamento termina.

Como o sentimento é conteúdo da alma, se permitirmos que ele aflore em nós, poderá verter por quem quer que seja, a exemplo das águas que rebentam das pedras e vão ao encontro dos rios. *Um grande amor não depende de um parceiro ideal, mas do quanto você é capaz de amá-lo.*

Existe ainda outra comparação possível entre a água e o amor: refere-se ao ciclo da água. Da nascente até chegar ao mar, ela passa por riachos, junta-se com outros afluentes, torna-se um grande rio que deságua no mar.

A alma desperta para o amor, que nasce no peito e que se vai intensificando à medida que o ser dá vazão a esse sentimento. Assim como os afluentes vão contribuindo para aumentar o volume de água em um grande rio, quanto mais amamos, maior é o fluxo do amor que nos invade.

Os potenciais latentes na alma tornam-se conscientes à medida que amamos. Vivenciamos inúmeras experiências afetivas nas quais o amor amplia a lucidez. Assim, a alma retorna ao Todo com plena consciência de si. O amor integra o ser com o universo, levando a lucidez adquirida por meio da experiência humana.

O universo consciente corresponde àquilo que somos, sentimos e pensamos; ele é composto pelos elementos e informações aprendidas ou adquiridas ao longo da vida. Na fase em que estamos, a consciência abrange apenas uma pequena parte do nosso ser. Identificamos somente alguns fragmentos da totalidade da alma, os quais constituem o que chamamos de "eu consciente".

Na escalada da consciência rumo a uma maior percepção de si, a alma vai desvendando seu potencial com base no mundo externo. Trata-se de um processo no qual se obtém o desenvolvimento pessoal por meio das experiências vividas e dos relacionamentos afetivos.

Descobrimos no outro tudo aquilo que temos por dentro. Os olhos vêem o mundo a sua volta, mas não podem se ver; para isso, precisam de um espelho. Por intermédio das pessoas que nos cercam e das situações do cotidiano, tomamos contato com o conteúdo mais profundo de nosso inconsciente, que é projetado no mundo físico. Este funciona como um espelho que reflete o conteúdo interior; desse modo, ocorre a transição de elementos do inconsciente para o consciente.

O mesmo ocorre com o amor. Quando encontramos alguém que desperta o nosso sentimento, acolhemos essa pessoa em nosso interior e, por intermédio dela, damos vazão ao sentimento guardado no inconsciente. A pessoa que desperta o nosso amor é como um espelho que reflete o nosso próprio sentimento. Desse modo, o amor, que até então se mantivera latente na alma, é percebido pelo consciente. A pessoa amada torna-se um canal por meio do qual manifestamos nosso amor.

Ela representa para a nossa experiência afetiva o mesmo que o leito é para o rio. As águas correm sobre o leito, mas o leito não é o rio. O fator fundamental de um rio é a sua água; sem ela, ele não existe.

Você é a fonte do seu amor; a pessoa amada é quem possibilita que seu sentimento possa fluir. A capacidade de amar é sua, quem ama é você; o amor que você sente por alguém lhe faz muito bem.

Quanto à pessoa amada, ela vive sua própria experiência afetiva; a intensidade do amor que ela sente por você faz parte de um processo de desenvolvimento afetivo dela, e não seu. Desse modo, conclui-se que o mais importante é o quanto você é capaz de amar e não o quanto é correspondido nesse amor, visto que ser amado por alguém não é tão importante quanto amar.

Amar e ser amado é o desejo de todos. O fato de ser correspondido no amor possibilita o estabelecimento de uma relação com a pessoa amada, por meio da qual podemos continuar manifestando o nosso sentimento, que atinge uma grande intensidade quando estamos perto dela. No entanto, nem sempre isso ocorre. Às vezes, não conseguimos estabelecer um vínculo afetivo com quem amamos. Mesmo assim esse sentimento de amor é despertado no consciente, e a experiência vivida é válida para o nosso amadurecimento emocional.

Se ficarmos com a sensação agradável proporcionada pelo amor, a vida, com seus diversos caminhos e infinitas possibilidades, colocará diante de nós alguém para amarmos. Talvez não seja essa pessoa que você ama hoje, mas outra virá, e um sentimento ainda maior vai nascer em você.

Cada vez que amamos alguém, intensificamos o fluxo do amor no consciente, aumentando a nossa capacidade de amar. Essa capacidade não depende do parceiro. É mais importante intensificar o seu amor do que conquistar o amor do outro: a experiência afetiva é individual, não adianta tentar provocar amor no outro. Faça a sua parte na experiência afetiva, cultive o amor que você tem por seu companheiro, mas não perca tempo dedicando-se a jogos de sedução. O assédio só atrapalha o relacionamento, ofusca o sentimento. *Somente a generosidade do seu amor pode conquistar o amor do outro.*

Quando você desperta o sentimento do outro, o amor dele vai emergir, geralmente direcionado para você. No entanto, se ele tiver um amor mal resolvido no passado, ele pode até reavivar esse sentimento reprimido e voltar a gostar de alguém com quem já se relacionou. Nesse caso, o seu amor torna-se responsável pelo amadurecimento emocional do seu parceiro.

Quem deixa o amor traçar os caminhos da sua vida e da vida da pessoa amada pode estar sujeito a desencontros do coração; no entanto, quando os caminhos coincidirem, e existir uma reciprocidade no sentimento, este será verdadeiro e natural. É dessa forma que você conquista a felicidade no relacionamento. Quem "força a barra" para ficar com quem ama, servindo-se de artifícios para induzir a pessoa amada a ficar ao seu lado, vive um falso relacionamento. Pode-se dizer que está se iludindo, pois, se o parceiro tiver uma relação mal resolvida, isso vai gerar uma série de complicações futuras, podendo até ser a causa de um rompimento. Se você ama alguém que tem problemas ligados à afetividade, deixe que a pessoa se resolva sozinha; caso não se decida por você, certamente não seria ela a pessoa com quem você iria viver seu grande amor.

Confie: o que é para ser, será. Não adianta insistir. Saiba aceitar os fatos. Mas não reprima o amor que existe em seu peito: preserve a capacidade de amar que você descobriu por meio dessa experiência. Assim, estará sempre em condições de encontrar alguém para amar.

Pode ser que essa pessoa não esteja tão distante de você; às vezes, ela pode estar mais próxima do que você imagina, mas você não consegue enxergá-la. Abra seu coração, somente assim poderá descobrir alguém que compartilhe um grande amor com você. Lembre-se sempre disso: *só vive um grande amor quem for capaz de amar.*

Nunca tente agradar somente ao outro: *para ser agradável também é necessário estar bem consigo mesmo.* Ao tentar agradar aos outros, você muitas vezes desagrada a si mesmo e sofre. Porém, quando age com naturalidade, sem querer impressionar as pessoas a sua volta, você fica bem consigo mesmo; conseqüentemente, torna-se uma pessoa agradável. Experimente aplicar isso nos seus relacionamentos; você vai constatar o bem que isso lhe faz e obter resultados excelentes com essa nova postura de vida.

Como vimos, o amor é a principal energia de integração do ser com a vida. Ele promove a interação entre a alma, a mente, o corpo, o ambiente e a natureza, tornando-se um elo importante do ser com a vida. *O amor provoca uma sensação*[4] *intensa e muito agradável.*

Sua manifestação no universo consciente inicia-se logo no princípio da vida. Quando o bebê recém-nascido tem fome, ele procura instintivamente o seio materno, que lhe fornece o leite. Isso lhe dá um enorme prazer. Ele passa a agir para conseguir o seio da mãe e beneficiar-se com as próprias ações. Desse modo, vai desenvolvendo uma preferência pela figura materna, agindo de forma que seja mantido próximo à mãe. Mo-

---

4. Sobre o termo "sensação" ver nota 5.

vida por esses instintos, a criança desperta para um sentimento pela figura materna, a qual lhe proporciona alimento, segurança e bem-estar. Com o passar do tempo, vai despertando também para uma afinidade com o pai, irmãos e outros membros da família que fazem parte de seu convívio.

Conforme vai crescendo, a criança desenvolve uma necessidade afetiva muito grande; a todo momento, ela exige consideração, afeto e atenção dos seus familiares, passando a ser guiada pela expectativa de receber a afeição das pessoas. Não se importa com a acomodação do ambiente: mesmo sendo precária, prefere permanecer nele se for tratada carinhosamente. Um ambiente luxuoso e com muitos brinquedos não se torna nada convidativo para ela se não houver ali quem lhe dê amor. A criança adapta-se com facilidade a qualquer ambiente onde receba afeto. A ternura recebida proporciona-lhe o bem-estar necessário.

Observe que a criança prefere brincar na sala junto de seus familiares a ficar no quarto sozinha. Dificilmente ela consegue ficar muito tempo isolada; solicita com freqüência a atenção dos adultos. A integração dos familiares com a criança é fundamental para que ela se desenvolva emocionalmente saudável. Nessa fase em que o amor está desabrochando na criança, o modelo de relacionamento familiar influencia na sua formação emocional; os problemas que ela vivencia dentro de casa poderão ser reproduzidos em suas futuras relações. Poucas pessoas conseguem sozinhas se libertar dos problemas de relacionamento na infância e dificilmente eles são superados sem a ajuda de um terapeuta especializado.

Para resolver os problemas de relacionamento, é necessário que você analise as bases de sua formação emocional. Aceite que seus pais e irmãos tinham um jeito próprio de ser, eles não eram como você os idealizava. Compreenda que tudo que eles fizeram durante sua criação foi o melhor que sabiam. Só assim você conseguirá livrar-se das mágoas e carências da infância e se harmonizar interiormente, para ser feliz e conseguir realizar-se no amor e na vida profissional.

* * *

Quem acredita em reencarnação sabe que cada espírito tem um grau de evolução obtido por meio das experiências de vidas passadas. O seu desenvolvimento emocional não se iniciou nesta vida; a capacidade de amar foi desenvolvida nos relacionamentos ocorridos em outras existências. Começa nesta vida exatamente do ponto em que parou na anterior. É por isso que algumas crianças são tão amorosas, ao passo que outras apresentam dificuldades para se relacionar, são hostis e amargas.

Também os problemas de ordem afetiva são trazidos de vidas passadas; eles são reproduzidos nesta existência, para que possam ser resolvidos, bem como para desfazer as relações de ódio entre os espíritos. Geralmente esses problemas estão relacionados com as pessoas que hoje fazem parte da família. Isso explica por que em algumas famílias existem desavenças que não podem ser justificadas só pelos acontecimentos atuais. A discórdia é tão grande que sufoca a afetividade espontânea da criança.

Independentemente de ter essa visão ou não, o espiritismo apenas torna isso mais claro, porém todas as religiões concordam na importância da união no seio familiar, o que é altamente benéfico para o desenvolvimento emocional das crianças.

O amor compõe a estrutura universal do ser. Permitir que o amor se manifeste é nutrir-se de uma força que promove a união entre os seres. Quem ama rompe as barreiras do isolamento e da inércia, interagindo com a vida e as pessoas a sua volta.

O amor é a maior e mais pura experiência do ser humano. Você deve sentir essa energia que contagia o ser, despertando a alegria de viver.

Características do amor

O amor traz consigo características muito peculiares, tais como o interesse, a ação e a aspiração a um bem maior.

1) Interesse. Ninguém pode ser indiferente ao amor ou à pessoa amada, sob pena de a relação esfriar. Seu desinteresse pode sinalizar para o outro que algo vai mal no relacionamento. Na indiferença não existe uma verdadeira união, cada pessoa está voltada para si mesma. O amor promove a interação, não o isolamento. Quando todos os sentimentos são compartilhados, o amor se fortalece.

Impulsionadas pelo interesse, as pessoas que se amam costumam ter afinidades religiosas, filosóficas ou profissionais. Isso não é uma condição básica para o amor, pois as preferências individuais devem ser respeitadas. No entanto, o relacionamento faz com que fiquemos abertos às novidades. É como se nos tornássemos subitamente receptivos a tudo aquilo que desconhecíamos. Obviamente, não somos obrigados a gostar de todas as experiências nem a alterar nossos hábitos em função do outro.

O interesse manifesta-se pela vontade de aproximar-se da pessoa amada e pela simpatia por tudo que diz respeito a ela. O interesse representa uma expressão do amor, como também é um caminho para a manifestação desse sentimento.

Quem reprime o amor perde o interesse pela vida, tornando-se indiferente a ela e às pessoas ao seu redor. Por outro lado, quando você quiser se aproximar de alguém ou melhorar uma relação, basta manifestar afeição pelas coisas que dizem respeito ao outro, demonstrar vontade de realizar as tarefas juntos, e assim por diante.

Essa disposição desperta a afinidade que antes não existiria ou estava bloqueada. Isso nada tem a ver com a falsidade; trata-se de um impulso natural de aproximação, é uma oportunidade de estar ao lado de quem ama.

O interesse manifestado pelo amor é sempre construtivo, ele visa ao bem-estar comum de todos. O amor edifica, ele nunca prejudica.

Esse tipo de interesse não é o mesmo de uma pessoa interesseira e oportunista. Esta visa somente ao próprio bem-estar. O interesseiro é egoísta e falso, não tem afeto pelas pessoas, quer apenas usufruir os privilégios que a relação pode lhe proporcionar.

O principal objetivo do interesseiro é alimentar o seu próprio ego e a auto-afirmação. Essa postura bloqueia o desenvolvimento emocional e reprime a manifestação do amor.

2) Ação. O amor não é contemplativo. Ninguém permanece indiferente àquele que ama. O sentimento mobiliza uma energia construtiva que nos leva a agir em prol do amor. Ele estimula atitudes que fortalecem a sua vida interior e, conseqüentemente, a saúde da relação.

Sempre que você agir de acordo com seu coração estará manifestando seu sentimento. Nesse caso, o maior beneficiado por esse gesto será você, que terá a oportunidade de expressar o seu amor. Já aqueles que agem pela razão dependem do reconhecimento do outro para se satisfazerem. Agir racionalmente é julgar-se obrigado a suprir as necessidades da pessoa amada.

Ao dar um presente, por exemplo, dê aquilo que você tem vontade de dar. Se a sua escolha for feita de acordo com o coração, não será preciso nenhum reconhecimento: a maior satisfação estará no ato de dar e não na resposta obtida. No entanto, se você presentear visando a preencher as necessidades do outro, você só vai ficar satisfeito ao vê-lo usando aquilo que deu.

A maioria das pessoas espera pelo retorno daquilo que faz, porém, muitas vezes, o benefício maior está na oportunidade de exteriorizar o afeto. Poucas pessoas reconhecem o valor que isso tem para a estabilidade emocional.

Quem faz porque gosta não cobra nada em troca, realiza-se ao fazer.

3) **Bem maior.** O enamorado busca uma relação agradável. É importante não deixar esse objetivo a cargo do futuro, mas começar a construir a felicidade no presente, procurando externar o seu sentimento. Não espere uma ocasião ideal para expressar seu amor. Procure viver intensamente cada momento em que você estiver ao lado da pessoa amada.

Ao viver no presente, você não traz reminiscências do passado, como lembranças desagradáveis que podem sufocar seu sentimento. Tampouco cria expectativas para o futuro.

Não espere que as coisas melhorem para você se soltar; solte-se para que elas melhorem. Tudo prospera quando você faz a sua parte — isso se aplica a todas as áreas da vida: aos negócios, ao amor e aos relacionamentos.

* * *

Será que estou amando ou gostando?

Gostar não chega a ser um sentimento profundo como o amor. Trata-se de uma sensação[5] agradável que expressa a afeição por alguém. Geralmente, antes de amar uma pessoa, nos identificamos a ela e manifestamos simpatia. Isso não significa que iremos amar todos aqueles de que gostamos; no entanto, gostar é o primeiro passo para o amor.

Existem pessoas que nunca amaram intensamente. Elas são reprimidas, mantêm-se distantes e parecem indiferentes. Gostam daqueles que participam de sua vida. Mas nunca se dispuseram a amar alguém de forma irrestrita. Muitos são aqueles que não sabem o que é o amor; portanto, nem sabem se já amaram. É difícil avaliar se o outro já amou tanto quanto você

---

5. Sensação, ação de sentir. Percepção do que é agradável ou desagradável. A sensação surge pela excitação de um receptor do sistema nervoso, que fornece as informações sensoriais. Ela é puramente fisiológica.

— e até se você já amou tanto como o outro. Visto que o amor é uma experiência individual, ele não pode ser comparado com a experiência dos outros. Cada pessoa pode avaliar o quanto já experimentou desse sentimento e com que intensidade foi capaz de amar.

Não existe uma incompatibilidade entre os conceitos de gostar e amar; são manifestações contínuas que vão da emoção[6] ao sentimento. O amor verdadeiro é raro. Será que o seu sentimento tem a intensidade do *amor na sua mais pura expressão*?

Enfim, comparemos o sentimento que temos por um grande amigo com a simpatia que temos por um colega. O coleguismo é uma relação superficial, ao passo que a amizade é um relacionamento profundo e duradouro entre as pessoas. O verbo "gostar" está para o termo "colega" assim como "amar" está para "amigo". Amar é um sentimento maravilhoso, mas tão raro quanto ter um grande amigo.

---

6. Emoção, a principal fonte da consciência; força que emana energia a toda ação. É a expressão da excitação provocada por um estímulo recebido (nossa resposta ao mundo). Por ela expressamos nossas escolhas, é a satisfação das energias sensuais e sexuais.

Capítulo 2

PAIXÃO

O amor é um sentimento estável, ao passo que a paixão é a liberação das emoções reprimidas.

Estudiosos do comportamento humano consideram a paixão uma doença. Trata-se de uma explosão emocional que invade o universo psíquico, causando desordem de conduta. Quanto mais intensa for a paixão, mais doentia ela se tornará.

A euforia proveniente da paixão toma conta de todo o ser e o corrói por dentro. A pessoa apaixonada fica obcecada, perde a coerência e o bom senso. Ela passa a agir sem pensar, comete uma série de injustiças com aqueles que estão ao seu lado. Suas atitudes são radicais e impulsivas, não medem as conseqüências de seus atos. Ela facilmente põe tudo a perder só para viver sua paixão.

Freqüentemente perde a auto-estima e o respeito pelas pessoas que sempre estiveram ao seu lado. Despreza as conquistas materiais, prejudica a relação com os amigos e até com a família. Existem casos de pessoas que abandonam seus filhos para se entregar à paixão. Muitos adolescentes apaixonados perdem o interesse pelos estudos e pelo trabalho.

Os adolescentes são mais vulneráveis a freqüentes paixões, pois nessa fase da vida suas emoções estão mais afloradas. Eles são impetuosos e vivem tudo ao extremo. Suas paixões são avassaladoras, deixando-os completamente vidrados pelas namoradas.

O apaixonado vive ofuscado por sua paixão: vê exclusivamente o parceiro e vive em função dele. Todo o resto perde o brilho e deixa de ser significativo. Na cegueira da paixão a pessoa não consegue direcionar a atenção no coração, para sentir as verdadeiras emoções. Entrega-se compulsivamente aos pensamentos: ora recorda-se dos últimos encontros com sua amada, ora cria expectativas para o futuro. Sob o efeito da paixão, a pessoa não vive no presente.

O comportamento possessivo do apaixonado gera necessidades de ele estar constantemente com o parceiro. É um anseio irresistível que nunca é saciado: quanto mais está com a pessoa, mais quer ficar.

O apaixonado não progride, fica estagnado na relação, e com isso acaba por bloquear o seu desenvolvimento, tanto material quanto emocional.

O torpor da paixão é patético: o apaixonado não consegue nem enxergar quem é verdadeiramente o seu parceiro. Ele cria fantasias sobre o outro, desconsiderando a personalidade, a índole e as intenções reais do parceiro.

Esse é um dos maiores motivos das decepções, pois ninguém pode corresponder na íntegra a seus desejos. Por melhor que a pessoa seja, ela tem suas características próprias, que não podem ser fruto de sua imaginação.

A pessoa apaixonada vive na ilusão, ela acredita que está amando. Não há dúvida de que a paixão inicialmente promove certo bem-estar. No entanto, se ela for forte, faz com que a pessoa perca o seu equilíbrio. Tudo a sua volta vai se desfazendo, e ela se submete a humilhações. Tudo em nome da paixão, que leva a pessoa para o "fundo do poço".

Outra ilusão do apaixonado é a imagem que faz do parceiro. Recusa-se a admitir qualquer intenção negativa que o outro possa ter. É mais fácil o apaixonado revoltar-se contra as pessoas que tentam alertá-lo do que aceitar as verdadeiras intenções do parceiro.

Se você quiser ajudar uma pessoa apaixonada, seja compreensivo e respeite o momento que ela está passando. Lembre-se de que seu apoio é mais proveitoso do que as críticas. Em momentos de desilusões, você poderá auxiliar o apaixonado a reerguer-se, extraindo desse acontecimento uma lição de vida e amadurecimento emocional.

Há quem diga que se apaixonar é bom, que dá sentido à vida. De fato a paixão é estimulante. No entanto, quem só consegue se motivar por meio dela reprime sua ternura e afetividade no dia-a-dia. Essas pessoas não conseguem pôr para fora o seus sentimentos senão da forma mais perigosa e sofrida. Para elas, apaixonar-se torna-se uma necessidade, como é para todo ser humano externar seu sentimento.

Quem vive em busca de tórridas paixões não consegue estabelecer vínculos profundos e, portanto, frustra-se.

Durante o período em que está apaixonado, suas reais dificuldades são apenas mascaradas. Com a convivência, a paixão esfria e os problemas aparecem. A solução é abrir seu coração e deixar fluir suas emoções.

Como saber se um relacionamento é amor ou se trata de uma paixão? Quem ama sabe esperar o momento ideal para estar junto, não é ansioso, conserva a lucidez e o bom senso. Em se tratando de paixão, a pessoa não consegue realizar suas tarefas de forma tranqüila, pois seus pensamentos estão sempre direcionados para a sua amada. Outra característica da paixão é que ela provoca comportamentos que vão contra certos princípios, como enganar, mentir ou trair a confiança daqueles que sempre foram leais.

Numa relação amorosa, fazem-se algumas extravagâncias, mas estas são saudáveis, não comprometem nem prejudicam ninguém. São aquelas surpresas que demonstram seu sentimento. Já as loucuras da paixão são muito arriscadas e perigosas, e podem gerar alguns prejuízos, tanto financeiros como morais.

Sob o domínio da paixão é importante não tomar nenhuma decisão. Se você estiver apaixonado, procure adiar as decisões definitivas na sua vida, como assumir um relacionamento a dois ou conceder grandes privilégios e benefícios para a sua amada. Não se precipite movido apenas pelos impulsos da paixão; isso pode acarretar grandes perdas em sua vida. Aguarde o melhor momento para definir a sua relação.

Nenhuma intenção maldosa sobrevive ao tempo; ele revela toda e qualquer verdade.

Durante a convivência, a índole da pessoa é revelada e o apaixonado passará a deparar com situações as quais não tinha enxergado ou não quis admitir antes. Tudo isso poderá ser motivo de conflitos, e a relação vai se tornando difícil, podendo até desencadear sentimentos de repulsa e ódio.

O apaixonado por sua vez também apresenta comportamentos que dificultam a convivência num relacionamento. Trata-se de freqüentes estados de submissão e inferioridade que o tornam frágil emocionalmente. Ele expressa certos delírios de ciúme, tem medo de perder o parceiro. Isso faz com que o apaixonado assuma uma postura possessiva, desencadeando a agressividade ou a condição de vítima.

A paixão surge de forma intensa e geralmente acaba como começou. Na maioria dos casos, alguns meses são suficientes para apagar esse "fogo"; algumas vezes a paixão chega a durar anos, mas raramente ultrapassa décadas. Não dá para generalizar o tempo que uma paixão dura, visto que isso depende exclusivamente do grau de amadurecimento emocional de quem se apaixona.

Quando o relacionamento do apaixonado termina, ele poderá mergulhar numa depressão profunda. Para superar a conhecida "fossa", é necessário que ele recupere sua auto-estima. Caso isso não aconteça, permanecerá deprimido durante meses e até anos.

A forma com que cada um reage à decepção e/ou ao rompimento depende exclusivamente da sua personalidade. Quem é depressivo simplesmente não reage, perde o interesse por tudo, até pela vida; quem possui uma hostilidade manifesta impulsos agressivos e violentos, podendo chegar a um fim trágico.

Desiludida, a pessoa de natureza agressiva quer obrigar o outro a continuar alimentando seus sonhos. Quando isso não acontece, pode se voltar contra o parceiro com desejos de vingança. Inconformada com a separação, essa pessoa sempre atribui ao outro seus infortúnios. Ela não assume que também contribuiu para que o rompimento ocorresse. Se ela assumisse seus erros dentro da relação, abriria mão da vingança e da agressividade, se dedicaria a uma reformulação interior para conquistar a felicidade amorosa, mudando sua maneira de se relacionar.

Uma relação construída na base da paixão tem sua harmonia comprometida pelos fatores nocivos que refletem no dia-a-dia. Os impulsos obsessivos de se estar sempre junto, com o passar do tempo acabam ficando exagerados, levando à saturação. A pessoa acaba esperando de seu companheiro aquilo que ele não pode dar, com isso vai se decepcionando. Suas expectativas não condizem com a realidade dos fatos, gerando uma série de conflitos. À medida que os anos passam, isso tudo vai desgastando o relacionamento, que se torna insustentável.

Com a paixão é difícil existirem respeito, bom senso e equilíbrio. Vive-se nos extremos, tornando a relação temporária e até mesmo perigosa. Ao contrário, o amor é um sentimento estável, que mantém a renovação, carinho e respeito mútuo. Somente o amor sustenta um relacionamento saudável por muito tempo.

Não são todas as paixões que terminam com finais tristes. Existem aquelas paixões que se transformam em amor, traduzindo-se em um relacionamento saudável.

Para que uma paixão se converta em amor, é necessário que haja uma afinidade entre as pessoas. Que elas consigam, ao longo da relação, substituir a ilusão pela aceitação; saiam da cegueira e valorizem as qualidades recíprocas; e ainda transformem obsessão em harmonia. Só assim será possível obter um relacionamento consistente e saudável.

Muitas relações que hoje são estáveis e harmoniosas tiveram seu início com uma grande paixão. Com o passar do tempo, o fogo foi esfriando e foi prevalecendo a afinidade existente entre as pessoas; com isso nasceu o amor puro.

Pode-se dizer que a paixão inicia a maioria das ligações entre as pessoas. É até natural certo encantamento pela descoberta de alguém para amar. No entanto, um relacionamento harmonioso consiste nos fatores em comum existentes entre as pessoas e no sentimento de amor, não no "fogo" de uma paixão.

É comum as pessoas dizerem que são "eternos apaixonados". Geralmente esses termos são usados como força de expressão, pois, quando se trata de uma relação duradoura, o sentimento que existe entre o casal é o puro amor e não a paixão. Somente o amor é responsável por manter um relacionamento saudável por tanto tempo.

Paixão virtual

Com o surgimento do computador, as pessoas "navegam" pela Internet. Os internautas são assíduos na comunicação com a rede que une milhares de pessoas. Existe quem se apaixona via Internet.

Essa nova maneira de se relacionar vai se tornando popular. As paixões que surgem por esse meio de comunicação já foram temas de novela e assunto de páginas policiais.

Para quem navega por esse universo virtual, cabe o alerta: apaixonar-se por alguém que nem se conhece é arriscado. Afinal, nunca sabemos se quem está do outro lado do visor é realmente quem diz ser. Existem algumas "ciladas eletrônicas" que seduzem as pessoas frustradas e carentes. Estas se tornam alvos de abusos que "implantam" ilusões em seus corações. Esse envolvimento distancia-as ainda mais da realidade em que vivem, aumentando o desconforto das situações cotidianas.

Estando na presença de uma pessoa, já é difícil conhecer sua índole; pior ainda é estar apenas na frente de um visor, onde a pessoa que escreve demonstra o que quer.

A paixão virtual é uma forma moderna e sofisticada de as pessoas manifestarem suas ilusões e fantasias. É como conversar com um ser imaginário ou, ainda, uma maneira sofisticada de escrever um diário. As pessoas começam a se envolver de tal forma que acabam se apaixonando pelo internauta com o qual se correspondem. Essa paixão é motivada pelas seguidas informações trocadas e principalmente porque a pessoa expõe tudo aquilo que sente e não consegue falar pessoalmente.

Em alguns casos, essa paixão ocorre devido à sinceridade do apaixonado, que abre seu coração. A maioria dos casos de paixão virtual acontece porque a pessoa descreve durante a comunicação todos os seus anseios, sonhos e fantasias, criando todo um cenário que corresponde às suas expectativas de vida.

O internauta apaixonado mergulha na Internet, distanciando-se cada vez mais de sua realidade, em que existem muitas frustrações nos relacionamentos com seus entes queridos e principalmente na sua vida amorosa. Isola-se, preferindo viver num mundo imaginário. Encontra tanto embaraço para se aproximar das pessoas que só consegue isso via computador.

As pessoas que vivem paixões virtuais têm muita dificuldade de expressar seu carinho, ternura e afetividade com aqueles com quem se relacionam. Bloqueiam seus sentimentos, mergulhando num completo isolamento e auto-abandono.

A paixão se mantém enquanto permanecer via computador. Quando se relacionar pessoalmente, as dificuldades de aproximação com alguém vão surgir, podendo provocar um rompimento.

A solução das dificuldades e frustrações está na realidade. Negá-las ou fugir, refugiando-se no computador, não vai resolver seus problemas afetivos. Experimente romper as barreiras da sua incapacidade de se relacionar. O primeiro passo é abandonar os critérios e expectativas, não se atendo aos detalhes negativos do outro. Considere mais as pessoas que estão do seu lado, pois elas representam a oportunidade para o seu desenvolvimento emocional.

Faça uma opção pela vida, não fuja nem se isole. Participe. Sua atuação é fundamental para a realização plena no relacionamento.

Capítulo 3

ÓDIO

O ódio é um sentimento oposto ao amor. Enquanto o amor busca a semelhança ou a complementaridade, o ódio visa à destruição. Ele pode ser provocado pela inveja, pelo ciúme, pelo amor-próprio ferido ou por uma injustiça sofrida. O ódio pode surgir devido às grandes desilusões afetivas ou pela interferência de alguém que impede o relacionamento. O amor pode se transformar em ódio apresentando a mesma intensidade.

O sentimento de ódio possui uma disposição intensa e duradoura, que se manifesta sobretudo diante da pessoa odiada ou em situações que provocam sofrimento e ferem o amor-próprio. Ele provoca o apego às situações do passado ou aos bens materiais, estimulando o orgulho.

O ódio provoca reações de intolerância para com os diferentes comportamentos do outro. Quem odeia é vingativo, cruel e deseja o mal. Alegra-se e sente satisfação em seu íntimo com a desgraça do outro. Essa crueldade é a negação da harmonia universal. Cada um de nós é parte do universo; por isso, quem pratica o mal contra o próximo está lesando a si mesmo.

Sob o domínio do ódio a pessoa canaliza todas as suas dificuldades e frustrações para o outro, como se o outro fosse responsável por todas as desventuras. Passa a persegui-lo, visando à sua destruição, com o intuito de resolver todos os problemas e sentir o prazer da vingança.

A índole e a personalidade de quem odeia determinam sua reação aos acontecimentos. As pessoas *depressivas* reagem com passividade, deixam a justiça a cargo da natureza e desejam que o outro, um dia, passe pelo que elas estão passando. Essa é uma forma indireta de vingança (desejar o infortúnio dos outros). As pessoas de personalidade *passiva* preferem desforrar com o próprio êxito. Conforme registra a sabedoria popular, aspiram a que "os inimigos vivam para testemunhar o sucesso" obtido por elas. Já as pessoas com tendências *agressivas* querem fazer justiça com as próprias mãos. Podem até recorrer a métodos escabrosos, que vão da agressão física à magia negra. Independentemente da reação de vingança que a pessoa possa ter, o ódio será sempre negativo e prejudicial ao equilíbrio emocional de quem odeia.

O ódio desperta a raiva nas pessoas com temperamento agressivo, tornando-as ásperas e intolerantes. O odiento faz de sua vida uma sucessão de brigas, defende-se constantemente de injúrias reais ou imaginárias.

Lembre-se: destruição gera destruição. A felicidade não pode ser construída com a destruição de outrem. Ela é alcançada por meio do fortalecimento do amor, e não pela intensificação do ódio.

Se você se sentir odiado por alguém, não se deixe abalar. Nunca se esqueça de que você só será destruído pelo ódio se também tiver ódio e vingança em seu coração.

"O que passou, passou": a mágoa, a indignação e a revolta não revertem situações, apenas prejudicam a vida. Alimentar a mágoa, o ódio e a vingança é permanecer preso ao passado e vulnerável a sofrimentos que já foram superados.

Perdoar é libertar-se das mágoas e decepções; não é cometer os mesmos erros que provocaram os incidentes do passado, mas compreender a natureza de cada um, seus limites e frustrações, sem esperar deles aquilo que eles não podem dar a você.

O que magoa uma pessoa não é exatamente aquilo que lhe fizeram, mas sim o que ela esperava das pessoas que a decepcionaram. As expectativas feitas sobre os outros provocam mágoas. Esse é o maior motivo de sua indignação e do seu ódio. Para perdoar alguém, liberte-se das mágoas, pois são elas que machucam e causam tanto ódio em seu coração.

O perdão é uma grande lição de vida, ele advém da aceitação, da consciência e da lucidez. Ele expressa a maturidade emocional. *Perdoar é superar uma desilusão e aceitar a realidade de cada um; é sair da ilusão e conviver com a verdade.*

Quem consegue perdoar e dar voto de confiança para os outros torna-se digno de ser perdoado quando cometer algum deslize em sua vida. Quem garante que amanhã você não vai precisar do perdão de alguém? Pense nisso!

Capítulo 4

NEUROSES DO AMOR

O comportamento neurótico interfere na manifestação do amor, causando prejuízo para o relacionamento.

As neuroses são consideradas distúrbios da personalidade. Elas são provocadas por uma grande tensão e ansiedade da pessoa em resolver os problemas que constantemente perturbam sua mente. Esses problemas só existem na cabeça da pessoa, eles são fruto da sua imaginação.

Problemas não existem, o que existe são pessoas que se posicionam de maneira problemática frente às experiências cotidianas. A vida é repleta de desafios, obstáculos e acontecimentos desagradáveis. O que torna esses fatos um problema é a forma com que as pessoas lidam com eles. Assim sendo, o problema está na maneira de encarar as situações desagradáveis da vida.

Não ter recursos financeiros, por exemplo, é um desafio que exige um maior empenho no trabalho. Estar privado de algo essencial para sobreviver, como moradia, comida ou vestuário, representa um grande obstáculo que, se transposto, possibilita-nos a conquista da independência. Existem conflitos na relação afetiva difíceis de serem superados, mas, quando recuperamos a harmonia, adquirimos a estabilidade emocional. Ter o corpo afetado por alguma doença é um transtorno que exige providências e cuidados com a saúde. Com isso nos beneficiamos com os recursos da terapêutica e prorrogamos a vida, evitando que uma simples doença leve à morte.

Quem tiver essa postura frente aos acontecimentos não sofre tanto, nem terá problemas na vida; tudo o que acontece é encarado como um recurso de progresso material e emocional.

Um neurótico não encara as experiências assim; ele faz delas uma grande tragédia. Fica extremamente ansioso para resolver aquilo que o está atormentando. O neurótico não sabe esperar o momento certo para solucionar as coisas. Fica obcecado e não pára de pensar no que está acontecendo. Tem grande facilidade para distorcer a realidade. Quando a problemática for no relacionamento, o neurótico se entrega com "unhas e dentes" ao trabalho, e assim sucessivamente.

Os sintomas da neurose podem tanto se manifestar de forma compulsiva na situação, como deslocar a atenção para outras coisas.

A neurose afeta o emocional da pessoa.

Tipos de neurose

Cada reação defensiva que a pessoa utiliza para controlar sua ansiedade é um tipo de neurose que ela desenvolve no relacionamento.

A ansiedade é um estado de grande agitação interior que provoca a perturbação mental, gerando a neurose. O ansioso é inseguro e não sabe viver no vazio nem consegue ficar no presente. Ele se projeta para o futuro ou se preenche com pensamentos ou atividades desnecessárias. Isso gera uma grande carga de tensão e estresse.

Para conter a ansiedade, a pessoa adota medidas visando a atenuar o desconforto provocado pelas situações desagradáveis da relação, as quais considera ser ameaçadoras para o envolvimento afetivo. Essas medidas são os tipos de neuroses que interferem no relacionamento. São elas a *angústia*, a *histeria*, a *obsessão* e a *hipocondria*.

Angústia. Costuma ser o primeiro sintoma da neurose. Ela pode provocar desde um mal-estar seguido de idéias pessimistas até uma postura de inércia. Nas freqüentes crises, a pessoa fica angustiada por qualquer coisa que seu parceiro faz.

Histeria. Esse é um dos sintomas mais extravagantes da neurose. Sob intensa pressão emocional, a pessoa começa a dramatizar a situação e a ter delírios compulsivos. Fala sem parar sobre coisas que parecem completamente ilógicas, imagina situações que a levam a fazer acusações infundadas.

A crise histérica pode manifestar-se de forma agressiva, ou mesmo provocar uma amnésia. Com o esquecimento, a pessoa apaga da consciência toda a carga emocional acumulada e até mesmo o escândalo que fez, para evitar sentir-se culpada, o que agravaria ainda mais sua condição interna.

Obsessão. Nesse tipo de neurose, toda a ansiedade é direcionada ao relacionamento com atos e pensamentos obsessivos. As ações são mecânicas e repetitivas, tais como acender um cigarro atrás do outro, comer sem parar, roer as unhas etc. A pessoa faz repetidas vezes a mesma coisa.

Existem casos em que a obsessão surge como dúvidas persistentes. A pessoa desconfia que seu parceiro vai abandoná-la ou que a está traindo. Isso a deixa obstinada, ela começa a verificar as coisas dele para ver se encontra algo suspeito. Quer saber os lugares aonde ele vai e chega ao cúmulo de segui-lo. Mesmo não encontrando nada que fundamente suas desconfianças, não consegue se libertar da obsessão que inunda sua mente.

Nesse tipo de reação neurótica, a pessoa não consegue se livrar dos pensamentos indesejáveis. Mesmo sabendo que a idéia fixa que perturba sua mente não é saudável para sua relação afetiva, não se desprende dela.

Hipocondria. Constitui-se numa preocupação excessiva pela saúde. Qualquer alteração no estado orgânico, a pessoa afirma ser uma doença incurável. Nesse caso, o neurótico se coloca como vítima da situação, faz constantes chantagens com seu parceiro. Usa a expectativa da saúde debilitada para exercer um domínio sobre ele.

Esses são os mais freqüentes tipos de neurose. Eles não se apresentam de forma distinta, misturando-se na personalidade de um neurótico e principalmente durante uma crise.

Impulsos neuróticos são comuns nos relacionamentos. Até certo ponto eles não são tão nocivos. Porém, se forem constantes, a relação se torna neurótica.

Num relacionamento neurótico não há espaço para a manifestação do sentimento. A esfera psíquica é preenchida pela neurose, causando prejuízos para a vida emocional das pessoas.

Visto que o amor é um sentimento que brota da alma, sendo, portanto, um conteúdo que compõe a estrutura universal do ser, o consciente não controla o sentimento. Ele apenas o direciona, moldando-o de acordo com a personalidade. Em se tratando de uma personalidade neurótica, o sentimento acaba se tornando um agente nocivo para a própria pessoa, pois ele alimenta ainda mais os impulsos neuróticos que existem nela.

A manifestação do amor no universo consciente passa por alguns estágios; nasce puro e se molda à personalidade. Cada pessoa expressa aquilo que sente de uma forma. Muitas são as maneiras de se relacionar; do mesmo modo, existem diversas formas de amar alguém.

Procure observar no seu relacionamento as condutas neuróticas e a intensidade desses impulsos nocivos. Caso você os identifique, empenhe-se em resolver essa condição interna, para que ela não ofusque o seu amor pela pessoa que compartilha de sua experiência afetiva.

Neurose materna

Dentre os diversos tipos de neurose, a mais popular é a neurose materna.

Antes de compreender esse tipo de neurose, é importante saber um pouco sobre a essência do amor materno. Ele representa um elo de união e solidariedade.

É um impulso natural da figura feminina. Trata-se de uma força instintiva que leva a mulher a estabelecer uma ligação com o filho. O amor materno é composto por muita simpatia, ternura e apreço.

Ele é desprovido de qualquer interesse próprio e visa a um bem comum. Não é uma manifestação egoísta, mas sim altruísta, induzindo a uma dedicação ao próximo com abnegação e desprendimento.

Esse sentimento é desperto fundamentalmente pelo instinto de proteção que surge ao perceber um bebê frágil, indefeso e incapaz de sobreviver por conta própria.

O amor materno é importante para o desenvolvimento físico e emocional da criança. Conforme vai crescendo, ela se torna auto-suficiente, sendo capaz de suprir as próprias necessidades, sem depender da dedicação materna. No entanto, a maioria das mães continua se relacionando com os filhos adultos da mesma forma que o faziam quando eles eram crianças.

Geralmente as mães não mudam sua postura perante seus filhos. Persistem em continuar agindo da mesma forma, dando mais importância às obrigações maternas do que estabelecendo uma verdadeira aproximação com eles.

Ao entrar na fase adulta, a pessoa não precisa tanto da mãe para suprir suas necessidades triviais. Mais importante que isso é uma presença amiga ao seu lado. Algumas pessoas que se acomodam não assumem sua vida adulta, permanecendo com traços de comportamentos infantis, resistindo ao amadurecimento natural.

Na expressão do amor materno, os impulsos afetivos são direcionados para o filho. Até certo ponto isso é construtivo, mas existem mães que vivem isso ao extremo. Elas focalizam as suas atenções nas fraquezas e dificuldades dos filhos, criando a neurose materna.

Nesse tipo de neurose, as pessoas dão mais importância aos outros do que a si mesmas. Em vez de darem atenção ao que sentem enquanto realizam suas tarefas, ficam preocupadas com o que os outros vão pensar. Elas sabem o que é necessário para os outros, mas não o que é bom para si.

Desaprovam suas próprias vontades, principalmente aquelas que não correspondem às obrigações maternas. Culpam-se por querer sair ou desempenhar outras atividades que não sejam suprir as necessidades dos filhos ou da casa. Sente-se mal e envergonhadas quando não conseguem satisfazer as solicitações ou exigências daqueles que as cercam.

As mães neuróticas possuem baixa auto-estima. Elas transformam a dedicação em obrigação de ajudar e proteger. Abandonam suas próprias atividades para cuidarem daquilo que cabe aos outros. Vivem num completo abandono de si e numa excessiva dedicação e preocupação com seus entes queridos.

O excesso de zelo que a mãe neurótica tem pelos seus filhos, além de privá-los de aprenderem a realizar as próprias tarefas, também os estimula a viver num auto-abandono.

Sob o domínio da neurose, a mãe não prepara seus filhos para a vida adulta. Faz tudo por eles, no entanto esquece o mais importante: ensiná-los a cuidar de si mesmos. Os filhos, por sua vez, se acomodam e não aprendem a executar as tarefas cotidianas.

A neurose materna é sufocante. Ela compromete o desenvolvimento e amadurecimento pessoal dos filhos. Quando eles se propõem a fazer algo, a mãe neurótica acha que eles não vão conseguir porque ainda não estão preparados, tolhendo sua oportunidade de aprenderem.

O apego da mãe pelos filhos se torna um obstáculo na vida deles. Ela interfere nas suas relações afetivas, não os deixa seguirem uma carreira profissional, porque precisariam ficar longe dela.

Muitas pessoas não se preparam para a vida adulta por causa da superproteção de uma mãe neurótica.

Se o filho não estiver bem firme em seu propósito, ele pode até ceder ao apego materno, deixando de progredir na vida.

Quando um filho sai de casa ou vai morar em outra cidade para estudar ou trabalhar e ter sua vida própria, a mãe neurótica sofre mais por acreditar que ele é frágil para encarar a vida sozinho do que pelo verdadeiro sentimento materno.

O adulto que não é auto-suficiente vive em busca de alguém que lhe dedique atenção e cuidados. Tem necessidade de ser aceito pelas pessoas, torna-se dependente de carinho e dedicação. No fundo, o que ele busca é alguém que substitua a figura materna. Isso ocorre com freqüência nos relacionamentos afetivos que ele vai estabelecer ao longo de sua vida.

Nem sempre um adulto com esse perfil consegue encontrar uma substituta materna. Geralmente atrai para si alguém com semelhantes comportamentos, ou seja, alguém que também não sabe cuidar de si.

Nessa nova experiência da vida adulta, a pessoa terá chance de aprender a realizar suas próprias coisas. Caso ela não tome essa iniciativa, passará a viver num completo abandono e desleixo. Alimenta no peito a saudade da figura materna que cuidava de suas roupas, da comida etc. A saudade que a pessoa sente não é exatamente da essência da mãe, mas sim da figura materna que supria todas as suas necessidades.

Apesar de esse tipo de amor ser intrínseco à maternidade, impulsos maternos também podem existir entre as pessoas que não pertencem à família. Mesmo não havendo a consangüinidade, podem surgir manifestações afetivas com características maternais. Independentemente da idade, uma pessoa pode se mobilizar para proteger e defender outrem. É uma necessidade de apoiar e superproteger alguém estranho.

Embora seja um sentimento relacionado diretamente com a experiência feminina, alguns homens também manifestam características desse tipo de amor. São aqueles homens que tomam a defesa dos fracos e desprotegidos, conhecidos como "paizão".

Nesse tipo de amor, as pessoas não medem esforços para ajudar e proteger os outros, muitas vezes até se prejudicam em benefício deles. É um sentimento que põe a pessoa em constante estado de dedicação aos outros. Essa condição é típica das pessoas superprotetoras.

Existem amizades que começaram com impulsos maternos. Isso pode acontecer quando uma pessoa conhece alguém que está atravessando uma fase difícil. Ao vê-la frágil, indefesa e desamparada, a pessoa mobiliza-se para ajudá-lo. Com o passar do tempo, o relacionamento vai se estreitando e se torna uma forte amizade.

Também existem relações afetivas que tiveram seu início pelo instinto materno. São aqueles encontros em que a mulher conhece um homem precisando de ajuda. Ela o julga vítima da situação ou da exploração daqueles que o cercam. Toma a sua defesa e passa a protegê-lo. Com a aproximação, surge um sentimento de amor que estabelece um relacionamento mais íntimo, podendo chegar a uma união conjugal.

Os impulsos maternos num casamento ou numa amizade podem se tornar excessivos, provocando uma neurose na relação. As características do comportamento desse tipo de neurose são semelhantes às neuroses entre mãe e filho. É a neurose materna interferindo no relacionamento afetivo.

A presença de freqüentes impulsos neuróticos na relação implica preservar as fraquezas do outro para viver prestando-lhe auxílio. O sentimento de amor é substituído pela necessidade de apoio e proteção, estabelecendo laços de dependência entre as pessoas.

Quando prevalecer numa união, a neurose impedirá o desenvolvimento do parceiro. O neurótico pensa que, se o outro tornar-se auto-suficiente, será uma ameaça ao seu relacionamento. Temendo isso, passa a conspirar contra a independência dele. Em vez de incentivá-lo a realizar suas próprias atividades, enfatiza as fraquezas do outro e toma para si as principais tarefas, alegando que o parceiro não tem condições de executá-las.

Quando o relacionamento chega a esse ponto, a pessoa neurótica não consegue enxergar a verdadeira essência do ser que está ao seu lado. Fica tão envolvida com a incapacidade dele que não admite existir nenhuma qualidade nele. Pode-se dizer que a pessoa neurótica não gosta tanto do parceiro propriamente; sente-se atraída pelas suas fraquezas e dificuldades.

Se você identificar no seu relacionamento traços de neurose materna, procure reverter esse processo para encontrar o sentimento puro e verdadeiro que existe em você. Não alimente as fraquezas do outro, tampouco exagere no apoio e proteção a ele.

* * *

Qualquer tipo de neurose é gerada pelo auto-abandono e baixa auto-estima. A pessoa se anula e busca se preencher por meio dos outros. Todas as suas ações são direcionadas para aqueles que estão ao seu lado. Assume o papel de boa mãe, boa companheira, boa amiga etc. Vai às últimas conseqüências para corresponder às expectativas feitas tanto pelos outros quanto por si mesma.

É importante saber distinguir a neurose da verdadeira ajuda. Uma pessoa neurótica não tem condições de ajudar; é ela quem mais precisa de ajuda.

Depois dessa compreensão de vários comportamentos neuróticos, vamos conhecer alguns gestos saudáveis praticados em prol dos outros e saber principalmente a condição necessária para ajudar alguém.

Estar bem consigo mesmo e centrado no presente fará com que uma pessoa possa orientar os outros na trajetória de vida, dar uma palavra amiga e transmitir confiança.

Para libertar alguém da ilusão é necessário estar lúcido. Ajudar é orientar as pessoas a realizarem suas próprias coisas, e não fazer aquilo que lhes cabe realizar. A maior função de uma pessoa na vida de outra é cooperar, e não sufocar.

Desse modo, você constrói uma relação saudável e não desenvolve nenhum tipo de neurose no relacionamento.

Capítulo 5

TIPOS DE AMOR

Existem diversas formas de manifestar o amor. Cada uma delas tem características peculiares, que são determinadas de acordo com a personalidade. Dependendo do caráter da pessoa que ama, será definida a maneira na qual ela irá expressar aquilo que sente por alguém. A relação pode ser saudável ou prejudicial, tudo depende da postura adotada frente ao parceiro.

É importante observar de que forma você tem-se comportado no relacionamento, sua condição emocional e quais as suas intenções para com o parceiro. Desse modo você irá identificar a maneira como vem conduzindo a relação.

A maioria das pessoas não tem consciência do próprio estado emocional, tampouco de como estão conduzindo sua relação. Se elas tivessem essa consciência, poderiam intensificar as situações agradáveis e melhorar a qualidade da vida afetiva ou, ainda, resolver os conflitos do relacionamento.

Geralmente interpretamos os sentimentos, mas pouco os vivenciamos. Sentir é diferente de pensar. Ficamos mais voltados ao racional do que ao emocional. A mente, por exemplo, pretende que se tenha calma. No entanto, a sensação é de agitação. Ao se ter a consciência desse estado, torna-se mais fácil resolvê-lo. As pessoas têm dificuldade para reconhecer o que realmente as incomoda no seu parceiro ou aquilo que está afetando o relacionamento.

Para conquistar a realização afetiva é preciso resgatar a verdade que brota do coração e não mergulhar na razão. A mente deturpa o sentimento e pode abalar as emoções.

Tanto o sentimento como o pensamento podem gerar emoções, visto que elas são respostas aos estímulos. Esses estímulos podem ser externos ou frutos da imaginação. As fantasias, por exemplo, são uma forma de excitação emocional. A maneira como cada pessoa interpreta os acontecimentos externos também pode abalar as emoções, como pensar que está sendo traída pode desencadear um estado emocional desagradável.

O sentir é da alma e as emoções podem sofrer interferências da mente. As crenças e valores interferem naquilo que sentimos diante dos fatos ou de alguém.

Para que você possa manifestar o mais puro sentimento, é necessário desprender-se dos conflitos emocionais, das ilusões e das fantasias, e deixar brotar o amor que existe em seu coração.

Alimentar pensamentos bons, ter uma boa personalidade e ser saudável emocionalmente é fundamental para que você possa estabelecer uma relação saudável.

Amor pleno

Quando a relação é estabelecida com bases no puro amor, as deficiências da personalidade não interferem na manifestação do sentimento.

A pessoa não busca o outro para preencher as suas necessidades afetivas. Ela não quer alguém somente para satisfazer seus desejos egoístas, tais como elevar a auto-estima, medo da solidão, anseios de sexo e assim por diante. Não precisa se destacar perante seu parceiro; busca elevá-lo, para juntos desenvolverem os potenciais.

Não interfere na vida do outro; é confiante e deixa as coisas acontecerem naturalmente. Aceita de coração aberto o que acontece e procura empenhar-se em melhorar aquilo que gera desconforto na relação.

Sabe respeitar as dificuldades e limitações alheias, não critica nem desanima o outro, incentiva-o a encontrar o seu caminho. Destaca as qualidades de seu parceiro, sabe valorizá-lo. Não permite que as situações desagradáveis do cotidiano causem mau humor, desânimo e interfiram no sentimento, abalando as emoções.

O amor nessas condições de plenitude só é possível para quem conquistou a maturidade emocional, o que implica ser realizado afetivamente, ter coragem de reconhecer as próprias fraquezas e aceitar as limitações. Somente assim será possível compreender o outro, respeitar a individualidade as diferenças, e ser tolerante.

A pessoa torna-se carinhosa, amável e dócil. Acata as opiniões do outro; mesmo sendo contrárias ao seu ponto de vista, administra a situação, sem atrito. Sabe lidar com os conflitos, não se apavora, age com serenidade e confiança. Essa postura no relacionamento promove a união verdadeira.

Enfim, esse é um tipo de amor que constrói e mantém um relacionamento saudável, harmonioso e duradouro.

* * *

Essa forma de amar é o objetivo de todos. No entanto, raros são aqueles que estabelecem uma relação nessas bases. Na maioria, as pessoas se relacionam de forma problemática. Projetam as dificuldades psíquicas e emocionais no seu parceiro, causando conflitos no relacionamento.

Existem várias maneiras deficientes de manifestar o sentimento, nas quais a personalidade interfere na relação. São eles: *amor infantil, amor oportunista, amor interesseiro* e *amor romântico.* Nesses tipos de amor a pessoa procura suprir suas lacunas emocionais no parceiro, objetivando satisfações egoístas e, às vezes, pode até usar de certa maldade.

Esses tipos de amor são de natureza problemática. Neles, a pessoa é tendenciosa, visa ao próprio bem-estar, não considera tanto o outro. Dá prioridade a preencher as necessidades internas.

Para compreender melhor essa atitude no relacionamento, pensemos numa pessoa que estivesse num jardim florido e não se contentasse apenas em contemplar a beleza natural das flores, preferindo apanhá-las para tê-las em sua casa a deixá-las ali para serem admiradas pelas outras pessoas.

A pessoa que vive um relacionamento com essas características quer levar vantagens sobre o parceiro, entra em constante competição com ele. Exige que tudo seja de acordo com a sua vontade, sem considerar o outro lado. Trata-se de alguém "mimado". O mimado pensa que receber carinho é ser atendido nas suas exigências. Esse não é o verdadeiro propósito da relação afetiva, mas sim uma forma neurótica e complicada de se relacionar.

Caso você se encontre numa das situações acima, procure rever a forma de amar, tente melhorar sua condição emocional, mude a sua atitude. Nenhuma dessas condições é saudável para a relação. Se esses comportamentos predominarem em seu envolvimento afetivo, eles comprometem o sentimento e geram conflitos na vida a dois.

Esses tipos de relacionamento não deveriam ser chamados de amor, pois estão bem distantes do verdadeiro sentimento. Trata-se de gostar, apaixonar, mas não é amor. O fato de denominá-los amor infantil, amor oportunista, amor interesseiro e amor romântico é para facilitar a compreensão e assimilação dos termos.

Amor infantil

O princípio da formação emocional ocorre basicamente na infância. Inicialmente a criança se relaciona com a figura concebida do pai e da mãe. Sua estima é mais voltada ao que eles representam e proporcionam a ela.

Nessa fase, a criança ainda não despertou o senso de consideração verdadeira pelos familiares. Não existe a consciência de quem realmente são seus pais, das fraquezas e dificuldades deles. A criança faz uma imagem do pai como sendo um herói, e da mãe como uma supermulher.

Com o passar do tempo a criança vai expandindo seus horizontes, ultrapassa os limites do lar e começa a se relacionar com a sociedade, tornando-se um adolescente. É quando começa a descobrir a essência de seus genitores. Nesse momento, cai o mito materno e paterno.

Embora isso aconteça com freqüência na fase da adolescência, não é padrão para todos. Para alguns essa queda do mito pode ocorrer na fase ainda infantil, mas para outros isso só acontece na fase adulta. De qualquer forma, o descortinar das verdades sobre seus pais é uma decepção. Eles que sempre foram firmes perante os filhos, agora deixam transparecer um lado frágil e indefeso, assim como qualquer ser humano. Isso abala emocionalmente o jovem.

A maneira como você reage frente a essa decepção vai determinar sua constituição afetiva. Nesse período de transição emocional, se você encarar de frente a realidade e aceitar seus pais como eles são, sem sufocar o que sente por eles, adquirirá a maturidade emocional. Qualquer tipo de problema existente nessa fase será projetado nos futuros relacionamentos afetivos.

Quem se recusa aceitar essa verdade sobre os entes queridos pode desenvolver o amor oportunista. Por outro lado, aqueles que se revoltam e carregam mágoas de seus pais podem se tornar interesseiros. Por fim, quem não passar por essa transição, e continuar com a imagem idealizada sobre os seus pais, permanecerá imaturo afetivamente; conseqüentemente, vai manifestar em sua vida adulta impulsos de amor infantil.

As pendências emocionais, que geralmente se originam na família, figuram entre as principais causas dos conflitos nos relacionamentos. Resolvê-las é fundamental para conquistar a harmonia na relação.

* * *

As pessoas imaturas afetivamente são sonhadoras e românticas. Elas criam a imagem de parceiro ideal, esperam que seu companheiro corresponda às suas expectativas. Quando isso não acontece, elas se decepcionam. As freqüentes desilusões com que deparam na relação ocorrem porque cada ser é uma individualidade. Jamais alguém irá corresponder às expectativas de realização afetiva.

Geralmente as carências de afeto ou ausência da figura materna ou paterna na infância levam a pessoa a buscar nos relacionamentos substitutos e compensações afetivas para preencherem as lacunas emocionais. Aspira receber proteção e apoio do parceiro para compensar aquilo que não obteve dos pais.

Quem vive um amor infantil não encara de frente as situações cotidianas e ilude-se facilmente. Reage aos desconfortos da realidade com fantasias compensatórias.

Existem casais tão imaturos que, mesmo depois de constituir seu próprio lar, continuam agindo como se fossem duas crianças. A mulher age como se estivesse "brincando de casinha", não assume uma atitude madura dentro de sua casa. Já o homem não se posiciona como tal; continua agindo como se ainda fosse um garoto.

Impulsos de amor infantil não existem apenas entre os casais, manifestam-se também na relação com os filhos. A postura de imaturidade perante os filhos chega ao ponto de criarem uma competição com eles. Disputam o carinho do parceiro e ficam enciumados por terem as atenções divididas.

Um pai imaturo permanece indiferente à educação e orientação dos filhos. Preocupa-se mais com as coisas banais, como discutir com a criança porque ela mexeu em seus objetos de estimação. Uma mãe infantil é displicente com as necessidades essenciais da criança. Age como se fosse uma menina, brincando de boneca, e não como uma verdadeira mãe.

Impulsos de amor infantil são comuns no início da vida a dois. Afinal, são poucas as pessoas que estão preparadas para assumir de imediato um relacionamento profundo. Nem sempre se traz a maturidade emocional na bagagem afetiva. Essa condição pode ser conquistada durante a relação. No entanto, se os comportamentos do amor infantil persistirem e predominarem na relação, surgem os conflitos.

A maturidade emocional não é adquirida somente na adolescência e na relação com os pais. Ela pode ocorrer na vida adulta, no relacionamento com o cônjuge. Basta você encarar de frente a realidade de seu parceiro e superar as decepções. Para favorecer isso, lembre-se: a decepção não é causada pelo outro, mas sim pelo que você projetou nele, por aquilo que você esperava dele. Desiludir é sair da ilusão e enxergar a verdade.

A estabilidade afetiva depende da sua postura no relacionamento. Não é preciso mudar o outro, basta alterar a maneira como você se relaciona com ele. Partindo disso, tudo a sua volta começa a harmonizar-se. Só é possível mudar uma situação por meio da reformulação interior, e não pela atuação no ambiente externo. Melhor dizendo, não queira transformar o parceiro, altere o tipo de amor que você tem por ele.

A atitude de quem atingiu a maturidade emocional é de respeito e aceitação da natureza de ser de cada um. Jamais essa pessoa sufoca o sentimento por causa de uma conduta do outro. Mesmo com as divergências que se apresentam no convívio, ela consegue administrá-las sem comprometer a paz do ambiente.

Se você identificar traços de amor infantil no seu relacionamento, procure resolver interiormente essa condição. Somente assim você estará edificando uma nova constituição afetiva. Todas as vezes que algo incomodar, não atribua imediatamente a responsabilidade sobre o outro. Primeiro olhe para si e procure encontrar o que o desagrada naquilo. Ao agir assim, além de você se resolver interiormente, terá mais condições de compreender o outro lado da situação. Desse modo, os acontecimentos desagradáveis do cotidiano não irão abalá-lo. Eles servirão de experiência para o seu desenvolvimento emocional.

Amor oportunista

É a expressão tendenciosa do sentimento. O oportunista não é exatamente mal. Se um impulso oportunista for mesclado à maldade, ele se torna interesse. O oportunismo em si é querer atingir seus objetivos de forma fácil e rápida.

Esse tipo de amor nasce em pessoas carentes, com baixa auto-estima, que se encontram emocionalmente abaladas pelas derrotas e fracassos acumulados durante sua vida. Ao conhecerem alguém que está numa condição privilegiada, vislumbra a chance de realizar seus sonhos por meio da relação afetiva.

Uma pessoa oportunista acomoda-se às circunstâncias vantajosas do relacionamento. Busca usufruir dos bens adquiridos pelo outro. Ela não quer tomar para si aquilo que não lhe pertence, contenta-se apenas em desfrutar do que não conseguiu conquistar por si mesma.

Não se trata de exploração, mas sim de beneficiar-se dos privilégios da relação e das conquistas do parceiro. Para obter o que tem vontade, age de forma manhosa, geralmente fazendo-se de vítima. Não pede diretamente nada, apenas reclama do que não tem e espera que a pessoa lhe ofereça. Quando ganha algo, mostra-se desconcertada, costuma dizer que "não precisava se incomodar", mas por dentro fica vibrando.

Para conseguir seus intentos, age de forma precisa, conhece o jeito das pessoas e sabe como manipulá-las. É dominada pelo desejo de obter vantagens pessoais e imediatas. Mostra ser sincera, no entanto não é verdadeira com o seu próprio sentimento.

Dependendo da expectativa do oportunista, ele poderá fazer com que seu companheiro prospere ou permaneça estagnado na vida. Se o oportunista for modesto e conformado, não incentiva o desenvolvimento do seu parceiro. Já se ele for vaidoso e deseja luxo, irá incentivá-lo a prosperar, para beneficiar-se de mais privilégios.

Geralmente o que torna uma pessoa oportunista é o fato de ela ter se decepcionado com seus familiares ou com alguém que foi importante em sua vida. Ou, ainda, pela ausência dos entes queridos que representam a base afetiva.

No tocante à decepção, ela implica o fato de a pessoa continuar alimentando ilusões acerca de quem a decepcionou. Ela nega aceitar a realidade dos fatos. Em se tratando de ausência das figuras básicas na formação emocional, a pessoa busca suprir sua carência afetiva no relacionamento.

Essa carência pode se refletir tanto em solicitações de coisas materiais quanto em necessidades afetivas. No âmbito material, quer receber presentes, ser levada a freqüentar lugares aos quais não teria condições de ir sozinha. No que se refere às necessidades afetivas, deseja que seu parceiro seja o pai ou a mãe que ela não teve na infância.

Num relacionamento com impulsos oportunistas, há um certo respeito e docilidade entre o casal. No entanto, a relação é superficial, não existe uma união verdadeira nem muito diálogo. O prazer da descoberta um do outro é substituído pela rotina que torna monótono o convívio.

No oportunismo não há muita consideração pelo ser que está ao lado, mas sim pelo que ele pode lhe proporcionar. Os desejos egoístas impedem de descobrir a pessoa que vive com você. Pode-se dizer que o oportunista não gosta tanto do parceiro, mas sim dos privilégios de estar junto dele.

Existem certos hábitos e comportamentos do parceiro que a pessoa não suporta. Mesmo assim ela permanece junto, pois é muito conveniente para ela estar do lado dele.

Nesse tipo de relacionamento o principal objetivo é usufruir de tudo que o outro pode lhe proporcionar, sem levar em conta o verdadeiro sentimento.

Relacionar-se com um oportunista é viver inseguro e instável afetivamente. É ter que se submeter aos seus caprichos e anular a vontade própria.

O que leva uma pessoa a atrair um oportunista para se relacionar afetivamente é o fato de ela se deixar influenciar pelas aparências e não procurar sentir se as expressões afetivas do parceiro são verdadeiras.

* * *

É comum existir amor oportunista na relação entre pessoas de diferentes classes sociais, condições financeiras ou idades. O apoio e segurança que alguém estabilizado ou maduro representa são propícios aos impulsos oportunistas naquele que for menos afortunado ou mais novo. Visto que a maior parte das pessoas é mal resolvida afetivamente, o oportunismo é freqüente nos relacionamentos dessa ordem.

A significativa diferença de idade ou classe social entre os cônjuges geralmente é interpretada pelos familiares e amigos como interesse. No entanto, o oportunismo é mais comum do que o interesse, pois o número de pessoas imaturas emocionalmente é maior do que o das pessoas de índole má.

Nem todos os relacionamentos nessas condições representam oportunismo ou interesse. Por maiores que sejam as diferenças entre as pessoas que se gostam, há sempre a possibilidade de existir uma relação de puro amor. Afinal, para o sentimento não existe idade, classe social, raça ou cor. O amor puro é desprovido de qualquer um desses fatores.

* * *

Caso você identifique impulsos oportunistas no seu parceiro, não reforce isso nele, proporcionando benefícios para garantir seu relacionamento. Lembre-se: mais vale uma separação hoje do que uma grande decepção amanhã. Invista no sentimento e não alimente a dependência.

Agora, se você identificou impulsos oportunistas na sua própria maneira de se relacionar, procure se encontrar emocionalmente. Não busque o outro para satisfazer suas carências afetivas. Desenvolva a auto-estima e o amor-próprio. Abandone as frustrações e empenhe-se em conquistar aquilo que você almeja na vida.

A conquista tem um sabor especial. Ao fazer uso dos próprios potenciais para conquistar algo, sua realização será maior do que receber as coisas prontas. Quem depende do outro é porque não sabe fazer por si. É frustrado e sente-se inferior.

Considere seu companheiro uma pessoa importante na sua vida afetiva e não uma fonte para suprir suas necessidades emocionais ou materiais. Descubra o quanto valiosa é a presença dele ao seu lado. Permita nascer em seu coração um sentimento mais profundo por ele. Quando isso ocorrer, você terá conquistado a maturidade emocional, e conseqüentemente deixará de ser oportunista.

* * *

Embora esse tipo de amor seja diferente do interesseiro, em alguns casos é difícil fazer uma distinção entre eles. No entanto, existem algumas características marcantes. O oportunista é carente, apóia-se na segurança e conforto que o parceiro lhe oferece, sente-se atraído pela proteção adquirida na relação. Já o interesseiro é revoltado e maldoso, gosta de status, presentes finos e está sempre querendo tirar proveito da situação.

Amor interesseiro

Esse tipo de amor é sem dúvida o mais nocivo para qualquer relacionamento. Manifesta-se nas pessoas de personalidade maldosa, que não têm nenhuma consideração pelo parceiro, querem apenas tirar proveito da situação.

Uma pessoa interesseira é extremamente egoísta, tudo o que ela faz é para seu próprio benefício. Usa todos os artifícios para conquistar alguém que seja interessante para ela. Utiliza-se de várias mentiras para fazer seus jogos de sedução, engana todos para atingir seus objetivos. Não mede esforços para conquistar alguém que lhe seja conveniente. Permanece com ele enquanto tiver alguma vantagem na relação, depois descarta-o com a maior facilidade.

Age sem o menor escrúpulo. É vulgar e explorador. Não se contenta em compartilhar. Se puder, toma para si o que é do outro. Encara o prejuízo causado na vida sentimental do parceiro com grande sarcasmo e cinismo.

As pessoas interesseiras querem obter vantagens imediatas. Estão sempre criando algum plano para lesar alguém. São dominadoras, traiçoeiras e maquiavélicas. Usam os outros para servirem aos seus caprichos. A falsidade impera em suas relações sociais e principalmente afetivas. Tratam muito bem aqueles que têm algo a lhes oferecer, e são indiferentes a quem não lhes proporciona nenhum benefício.

Para elas não existe troca no relacionamento, só querem receber. Quando fazem algo para o outro, encontram sempre uma maneira de cobrar pelo que fizeram. Não levam em conta tudo o que os outros fazem a elas. Somente dedicam-se de forma desinteressada quando a ocasião lhes é conveniente. Elas fazem pouco e exigem muito.

O interesseiro não demonstra ser o que é. Age de forma envolvente, demonstra meiguice e docilidade, convencendo todos. Mas, por trás dessa máscara, existe muita maldade, que só é desvendada com o tempo, quando põem em prática seus planos maquiavélicos.

Para identificar uma pessoa interesseira, é necessário ser astuto ou ter uma intuição aguçada, não se deixar levar pelas aparências. Como diz o ditado popular: "É um lobo na pele de cordeiro"...

* * *

A vida afetiva de uma pessoa interesseira foi assinalada por episódios dramáticos em seus relacionamentos. Esses acontecimentos foram marcantes na sua constituição emocional. Eles serviram para o despertar da maldade que é direcionada aos atuais parceiros.

Não se pode dizer que a pessoa se tornou má em virtude dessas ocorrências, pois ela sempre apresentou comportamentos maldosos. Na maioria dos casos, foi justamente a maldade que provocou tais situações.

Trata-se de intensas decepções afetivas, como ter sido expulsa de casa pelos pais, abandonada no altar etc. Obviamente, para que uma medida tão drástica como essa fosse tomada, teve seus motivos. A má índole poderá ser a principal causadora desse tipo de ocorrência.

A pessoa que é abandonada sente-se vítima, conseqüentemente revolta-se contra quem lhe causou profunda decepção afetiva. Fará tudo o que puder para destruir quem lhe provocou tanto aborrecimento. Sua revolta e desejo de vingança são tantos que não se contenta com a destruição de quem a prejudicou. Vai à desforra descontando nos futuros relacionamentos toda a sua frustração.

Tudo o que faz em prejuízo dos outros, no fundo, é uma forma de vingar-se daqueles que a feriram profundamente no passado. Quando vê alguém feliz, procura interferir de alguma forma para destruir sua felicidade. Como não pôde ser feliz, não admite que ninguém seja.

A obsessão em lesar os outros é tanta que a pessoa não percebe que a maior prejudicada nisso tudo é ela mesma. A vingança aumenta ainda mais sua revolta, tornando-a cada vez mais infeliz. Lembre-se: *não se constrói a felicidade própria com a infelicidade dos outros.*

A pessoa interesseira é doente emocionalmente. Enquanto ela não superar a mágoa e a revolta armazenadas em seu peito, não irá solucionar suas problemáticas afetivas, tampouco construir uma relação saudável e duradoura com alguém.

* * *

A pessoa que se relaciona com alguém interesseiro não consegue enxergar a índole do seu companheiro. Está apaixonada e completamente iludida. Trata-se de alguém com baixa auto-estima, que não é segura de si e busca auto-afirmação nos outros.

Como essa postura não é construtiva para estabelecer relações saudáveis, a pessoa acaba atraindo alguém interesseiro.

De alguma forma, é conveniente para a pessoa estar ao lado do interesseiro: por ele ser mais novo, mais bonito ou mesmo ser a oportunidade de ela se relacionar com alguém, haja vista a solidão em que se encontra.

Essa aventura perigosa serve para elevar a auto-estima e promover a autovalorização. Obviamente, a pessoa não imagina o transtorno que essa relação vai lhe causar no futuro. Na ingenuidade, entrega-se ao interesseiro, investindo tudo no relacionamento com ele, tornando-se uma presa fácil da maldade alheia.

Não adianta buscar no outro aquilo que não existe em você. Quem tenta de se auto-afirmar por meio de um relacionamento, fica vulnerável à aproximação de alguém interesseiro. Desse modo não se atinge a realização afetiva; ao contrário, é mais fácil atrair problemas do que ser bem-sucedido emocionalmente. Afinal, *não se encontra fora aquilo que não existe em seu interior.*

* * *

Nem sempre a maldade do interesseiro, atinge a intensidade aqui mencionada. O grau do interesse varia de acordo com a maldade da pessoa. Há casos em que o interesse não é predominante na relação. Porém, só o fato de existirem impulsos de amor interesseiro já é prejudicial para o relacionamento.

É muito difícil uma pessoa que tem esses impulsos superar a problemática afetiva, visto que o maior agravante é sua índole má. Não basta apenas ela amadurecer emocionalmente, é necessário deixar de ser maldosa. Para isso precisa reformular seus valores internos.

Pode acontecer de o interesseiro se envolver afetivamente com alguém e conduzir seu relacionamento sem usar de algum artifício maldoso, tampouco explorar o parceiro. Porém, se em algum momento ele sentir que sua felicidade está ameaçada ou perceber que está sendo enganado, imediatamente sua índole má vem à tona, e ele começa a aprontar suas falcatruas.

A verdadeira solução está dentro de cada um, e não no outro. Não adianta buscar um relacionamento para superar suas dificuldades afetivas. É necessário se conhecer primeiro, para depois construir uma vida a dois. Caso contrário, ninguém vai conseguir proporcionar aquilo que não existe em você.

Amor romântico

O romantismo teve sua época áurea no movimento de escritores da primeira metade do século XIX, que abandonaram o estilo clássico da literatura, optando pela sensibilidade e pela imaginação sobre a lógica e a razão, criando obras que distorciam a realidade da vida.

No tocante aos impulsos românticos no relacionamento, eles promovem certa excitação e alegria. Estimulado pelo desejo de estar com a pessoa amada, o romântico cria fantasias amorosas.

Uma garota esperando seu namorado, por exemplo, fica tão eufórica que começa a imaginá-lo chegando com flores, tratando-a carinhosamente. Ela espera daquele simples encontro uma ocasião especial.

O romantismo é a idealização das satisfações comuns dos seres humanos, como ser admirado, querido e "paparicado" pelas pessoas, em especial por aquelas que são significativas em sua vida afetiva.

Uma pequena dose de romantismo não é de todo ruim, desde que as pessoas saibam discernir a realidade da fantasia. O maior problema consiste em viver num mundo imaginário, esperando que a realidade se transforme nos castelos dos seus sonhos e, ainda, que seu companheiro seja o homem idealizado.

O romantismo é a manifestação das frustrações e dos desejos recalcados. As fantasias românticas visam a suprir as carências afetivas, tornando-se uma válvula de escape para atenuar as decepções amorosas.

A pessoa romântica é carente de afeto e sonhadora. Nunca foi muito boa para se relacionar. Geralmente é tímida, não é de muitos amigos, costuma permanecer isolada e entristecida.

Como não consegue obter carinho e atenção suficientes das pessoas com quem se relaciona, busca as fantasias para atenuar suas necessidades afetivas. Diante de uma realidade insatisfatória, sonha ser salva do abandono por um parceiro ideal, que venha a preencher seu vazio interior.

O romântico cria um modelo ideal de relacionamento e deseja encontrar alguém que satisfaça todas as suas expectativas.

Quando está se relacionando, cobra do parceiro uma atitude compatível com seus anseios afetivos.

Por agir assim, a pessoa romântica sofre freqüentes decepções, pois não vai encontrar alguém que seja na íntegra tudo aquilo que idealiza para sua vida afetiva.

O romântico não sabe administrar as diferenças existentes no relacionamento. Qualquer coisa que o desagrada é motivo de decepção. Costuma dramatizar os pequenos detalhes só porque não condizem com o que esperava do outro. Ele é muito mimado, não está preparado para viver uma relação verdadeira.

A pessoa romântica é dependente do outro, espera receber consideração. Elege como prova de carinho os galanteios românticos. Quer que o parceiro a assuma, no entanto não consegue assumir seus próprios sentimentos. Em vez de procurar conquistar a sua felicidade, transfere ao outro o poder de fazê-la feliz. Acha que as pessoas têm obrigação de realizar seus desejos.

Quando ela está sozinha, sente um grande vazio. É como se faltasse algo em sua vida, parece estar incompleta. Mesmo acompanhada, essa companhia não é suficiente para preencher suas carências. Afinal, seu companheiro nunca consegue atender a todas as suas expectativas afetivas.

Na vida do romântico sempre falta alguma coisa. Falta mesmo! Só que não é nada do que ele imagina. O que realmente está faltando é mais de si em si mesmo, ou seja, um maior reconhecimento dos próprios valores e elevação da auto-estima. Em vez de cobrar ou esperar do outro, é preciso aprender a se auto-suprir, a se dedicar mais a si mesmo do que aos delírios românticos e ao parceiro.

Sua auto-estima é muito baixa e não tem amor-próprio. Tenta resgatar esses valores internos, que foram perdidos ao longo da vida, por meio do relacionamento afetivo. Só conseguirá realizar-se quando encontrar alguém que lhe proporcione tudo isso.

* * *

Uma pessoa romântica sempre tem do que reclamar. Vive se queixando de que seu parceiro não lhe fez isso, não lhe deu aquilo, e assim por diante. Ela nunca está contente com nada, pois suas exigências e expectativas são muitas. Por mais que receba do outro, não é suficiente para suprir suas necessidades afetivas.

O romântico tem grandes necessidades afetivas. Seu maior objetivo na vida é sua vida amorosa. É uma pessoa dedicada e caprichosa no trabalho, cumpridora de suas obrigações. Porém sua maior fonte de realização é a vida afetiva. Não é tão ligada às coisas materiais. Coloca suas conquistas e o desenvolvimento social em segundo plano.

A relação afetiva para uma pessoa de personalidade romântica é como se fosse um sonho, e, como tal, costuma durar pouco tempo. As freqüentes decepções com a realidade e as desilusões com seu parceiro não são superadas facilmente. Chega um momento em que a relação se torna insuportável, ocasionando o rompimento ou uma convivência frustrada. A bagagem afetiva de uma pessoa romântica é composta por grandes frustrações.

O romântico precisa aprender que a vida não é uma história de cinema, em que todos os sonhos são realizados. Ela é composta por uma realidade que é criada a partir dos elementos internos. Melhor dizendo, de acordo com aquilo que você sente, e não pelas fantasias idealizadas na mente. Assim sendo, não adianta querer encontrar alguém que satisfaça seus anseios, se você não acredita que merece ser feliz.

Se você não tiver uma boa estabilidade emocional e for carente de afeto e ternura, você não vai conseguir se realizar afetivamente. Para tanto, é necessário sentir-se bem consigo mesmo e não buscar no outro a satisfação de seus desejos. Encare seu parceiro como sendo uma pessoa com a qual você compartilha o seu afeto e desenvolve a sua capacidade de amar e de se relacionar.

Capítulo 6

RELACIONAMENTO

É a habilidade de conviver ou comunicar-se com os seus semelhantes. O ato de se relacionar afetivamente consiste em aprender a soltar o sentimento e vivenciar o amor. O relacionamento a dois é um constante exercício para o bem viver; nele repousa uma das mais difíceis e importantes experiências do ser humano. Quanto maior a capacidade de se relacionar, maior o prazer e a alegria de viver. *Ser feliz no relacionamento íntimo é um grande passo para a realização pessoal.*

Existem várias formas de se relacionar, desde uma simples conversa superficial até o envolvimento mais profundo com a pessoa amada. Por meio da convivência, a pessoa sai do isolamento e do egocentrismo e passa a interagir com o mundo externo.

A maior lição da vida a dois está no fato de aprender a se relacionar com o outro, respeitando a individualidade alheia, e não em buscar alguém ideal para amar.

A pessoa que está do seu lado hoje tem tudo a ver com sua condição afetiva. Ela é a maior oportunidade para você se desenvolver emocionalmente e superar seus bloqueios, que impedem a manifestação do verdadeiro sentimento. Assim como você, ela também está descobrindo a melhor maneira de se relacionar. Não se pode exigir dela uma atitude que nem você mesmo é capaz de ter no relacionamento.

Durante a convivência, cada um tem a oportunidade de se resolver afetivamente e conquistar seu próprio amadurecimento emocional, o que possibilita maior aproximação com o parceiro.

Família, a base afetiva

O relacionamento familiar é a primeira experiência afetiva que todo ser humano vivencia. Essa fase representa o despertar do senso de união e troca, iniciando o desenvolvimento emocional. É também o período em que poderão surgir as problemáticas afetivas. Durante a infância, a criança adota alguns hábitos que vão sendo reproduzidos ao longo da vida adulta. Muitas das sensações e reações de um adulto frente a determinadas situações são as mesmas de quando ele era criança.

Assim sendo, desbloquear as sensações desagradáveis da infância é fundamental para uma vida afetiva saudável. A melhor maneira de conseguirmos isso é compreender o que nos levou a agir daquela forma. Com essa consciência, teremos condições de desprendermos o passado e adotarmos uma nova postura no presente.

Dentre as problemáticas que podem surgir na infância, a auto-estima baixa é a mais comum. O que leva uma criança a sentir-se inferiorizada não é exatamente a condição do ambiente, mas sim a maneira como ela reagiu à situação em que se encontrava. Por isso, fazer uma avaliação desse quadro, com uma ótica adulta, poderá promover a autovalorização.

O fato de a criança não ter se sentido devidamente reconhecida pelos seus genitores, por exemplo, leva-a a buscar o reconhecimento na vida adulta. Se olharmos para trás, vamos compreender que nossos pais tinham suas próprias dificuldades. Quem sabe encontraremos no pai algumas frustrações e na mãe uma baixa auto-estima que a tornava submissa às obrigações do lar.

Nessas condições era difícil obter deles a devida atenção exigida na infância. Por mais que eles tenham se esforçado, não foi possível atender todas as solicitações de seus filhos.

Se essas lacunas afetivas forem trazidas para a vida adulta, permaneceremos em busca de aprovação dos outros. Desse modo, todas as vezes que conquistamos algo, fazemos questão de anunciar para aqueles que nos cercam com a mesma empolgação de quando éramos crianças e corríamos para contar as novidades aos familiares, esperando ser reconhecidos e aceitos por eles. Se ainda agimos assim, é por que precisamos de auto-afirmação.

A necessidade de aprovação dos outros cria bloqueios que impedem a expressão do sentimento e dificulta sermos sinceros com quem convivemos atualmente. Isso ocorre porque ainda existe em nós um certo medo de não agradar os outros.

Toda essa problemática provoca uma sensação de inferioridade e abandono. Não podemos atribuir a responsabilidade da condição emocional aos pais, afinal eles fizeram o melhor que podiam naquela época.

Cabe a nós retomar esse passado e compreendê-lo, sem julgar ninguém, tampouco nos fazermos de vítimas, mas sim tomarmos consciência de que hoje nos tornamos adultos e, como tal, somos capazes de nos auto-suprir. Para assumir a maturidade é necessário adotar uma nova postura no relacionamento e eliminar os traços de infantilidade frente ao parceiro.

Se você se enquadra nessas condições, pense assim: eu não sou mais nem menos que o outro, sou como ele; se ele é importante para mim, também sou para ele.

A timidez também pode ser trazida da infância. Ela está relacionada à auto-estima baixa e ao orgulho. O tímido não admite cometer nenhuma falha perante os outros; prefere se isolar a correr o risco de se expor e deixar transparecer sua inaptidão.

Ela pode ser decorrente de situações em que a criança foi tolhida na sua expressão, como ter sido constantemente proibida de participar das conversas dos adultos ou, ainda, quando ganhava um presente e manifestava um impulso de mostrar aos colegas e era imediatamente recriminada pelos mais velhos, que lhe diziam, entre outras coisas, para não se misturar com os outros. Situações como essas provocam na criança uma sensação de desprezo e isolamento.

Essas sensações refletem-se na vida adulta em forma de medo e dificuldade de se aproximar de alguém, principalmente num evento social. A pessoa fica esperando ser solicitada ou apresentada para se manifestar.

Procura evitar de todas as formas se pronunciar publicamente. Porém, quando é inevitável, o faz de maneira muito dolorida interiormente. Ainda traz consigo a mesma sensação de não ser capaz que tinha na infância.

Para o amadurecimento emocional é necessário desprender-se das frustrações e constrangimentos da infância. Uma das melhores maneiras é tomar consciência dessa fase da vida, fazer uma distinção entre o passado e a realidade presente e passar a agir de forma madura, demonstrando segurança naquilo que faz.

Outro exemplo desses bloqueios da infância que repercutem na vida adulta é o da criança que foi muito repreendida com "tapinhas" nas mãos. Essa sensação de acanhamento implicará não saber onde colocar as mãos enquanto se comunica. A pessoa também não consegue realizar suas tarefas com alguém olhando para ela. Para evitar esse embaraço é necessário não se espelhar nos outros e se ater àquilo que lhe cabe.

Como vimos, a fase da infância é de fundamental importância para o desenvolvimento emocional. Se ela transcorrer sem nenhum bloqueio, a pessoa consegue um bom amadurecimento. Qualquer problemática ocorrida nessa fase, mesmo as mais simples ou as de maior intensidade, precisam ser transpostas para que elas não sejam projetadas nos relacionamentos futuros. Para tanto, deve-se identificá-las e resolvê-las. Somente assim você estará melhorando sua condição interna e evitando desavenças com os outros.

Sem desprender-se das problemáticas do passado, você não será realizado nos relacionamentos afetivos, sociais e profissionais.

Relacionamento adolescente

O relacionamento entre os jovens tem muitos aspectos interessantes para serem observados. No início formam-se pequenos grupos. Meninas e meninos não se misturam, são os chamados clubes da "Luluzinha" e do "Bolinha". Com a descoberta do sexo oposto começa a disputa para ver quem vai ficar com a menina mais bonita da escola ou quem vai namorar o galã do ginásio.

Inicia-se uma competição entre os jovens para ver quem é o melhor e mais popular do grupo. Nesse momento podem surgir alguns problemas, pois nem todos estão maduros o suficiente para simplesmente serem o que são.

Geralmente os jovens se comparam entre si, buscando o modelo de comportamento e estereótipo físico adequado. Caso não se destaque com suas próprias qualidades, sente-se inadequado.

O adolescente é muito competitivo, mas não tem maturidade suficiente para lidar com as perdas. Quando é vencido por alguém do grupo, sente-se inferiorizado.

Para se promover, adota um modelo de sucesso e passa a imitar os amigos para ser aceito por eles. Assim, se os amigos fumam, ele vai fumar també; se todos escolherem desafiar os limites e enfrentar o perigo, ele não quer ficar para trás, opta por acompanhá-los, mesmo sabendo que não é certo fazer aquilo.

Existem casos em que o adolescente faz tudo o que lhe pedem, para agradar os amigos. Ele não tem consciência disso, mas, por não se aceitar, busca ser aceito no grupo, sendo prestativo. A aprovação dos outros é fundamental para ele elevar sua auto-estima.

Geralmente a insegurança não é resolvida na adolescência, sendo reproduzida na vida adulta em forma de desejo de agradar os outros para sentir-se querido e seguro.

Nessa fase ocorre também a transformação do corpo. Muitos meninos e meninas não aceitam as novas características físicas. Alguns se isolam, enquanto outros exibem orgulhosos seu porte adulto, para sentirem-se mais valorizados. Em decorrência dessa não aceitação ou supercompensação do próprio corpo, podem surgir bloqueios na sua transição emocional, permanecendo imaturos afetivamente.

Depois dessa fase, surge a paquera. É o momento em que desperta a atração pelo sexo oposto. Dependendo de como foi o desenvolvimento na infância e de como a pessoa elaborou a transição, ela irá se relacionar de forma saudável ou não.

Normalmente o primeiro contato com o sexo oposto é muito significativo na vida afetiva. Conhecido como "primeiro amor", é um sentimento manifesto por alguém que se aproxima do modelo trazido no inconsciente.

Se nos reportarmos à vida afetiva de um adulto que encontrou seu parceiro, com o qual estabeleceu um relacionamento duradouro, observaremos semelhantes características com aquele que foi o seu primeiro amor. Existem até mesmo uniões conjugais decorrentes do primeiro amor.

Isso ocorre por se tratar de alguém que corresponde ao modelo afetivo existente no inconsciente de cada um de nós. São esses conteúdos interiores que despertam nosso sentimento por alguém. Por outro lado, as intensas emoções que afloram no adolescente tornam-no propenso a viver grandes paixões.

Na fase da descoberta afetiva é fundamental que haja autenticidade. Uma pessoa autêntica é fiel aos próprios sentimentos e preserva a auto-imagem. No transcorrer do despertar das emoções é necessário desenvolver a capacidade de amar, para ser feliz nos relacionamentos da vida adulta.

Relacionamento adulto

A maturidade emocional é um fator de fundamental importância para que o relacionamento adulto seja tranqüilo, harmonioso e duradouro. Não basta ter idade, corpo desenvolvido, tampouco ser bem-sucedido nos negócios; o que realmente importa para a relação é o desenvolvimento emocional.

Esse é adquirido por meio das experiências afetivas. A partir do momento em que você conseguir transpor suas problemáticas, carências e desprender-se de tudo o que houve de desagradável nos relacionamentos passados, terá na bagagem afetiva a capacidade de amar e se relacionar. Ter boa "cabeça" com pensamentos promissores é fundamental para constituir uma relação saudável.

Antes de partir para um novo relacionamento, você deve observar sua condição interna. Como está o seu amor-próprio? Você é uma pessoa que se agride para agradar os outros, submetendo-se a fazer o que não gosta ou aquilo para o que não tem vontade? Se você se encontra nessas condições, demonstra auto-abandono e tendência a se anular. Isso não é nada construtivo para sua vida afetiva.

A tentativa de agradar alguém torna-o uma pessoa desagradável. Quem não se preocupa tanto em agradar os outros e, em vez disso, prefere se respeitar e zelar pelo próprio bem-estar, vive bem consigo mesmo. Conseqüentemente torna-se uma pessoa agradável para se conviver. Todos gostam e respeitam quem tem amor-próprio e se dá o respeito.

A qualidade afetiva é conquistada por quem é espontâneo. A auto-aceitação desperta a afetividade. Não tente se definir, nem se compare aos outros; apenas seja você. Desse modo, estará em condições de ter uma postura terna e afetiva para com os outros. Ninguém é tratado afetivamente se não tiver afetividade própria. O maior gesto de ternura é aquele dirigido a si mesmo.

* * *

A imaturidade afetiva é provocada pelos conflitos da infância e/ou adolescência que não foram superados. A pessoa ainda não se desprendeu das ocorrências desagradáveis, continua traumatizada com tudo o que houve no passado. Isso faz com que ela se posicione de forma embaraçosa frente ao parceiro. Projeta nele as mesmas expectativas que não foram realizadas na infância, surgindo as cobranças excessivas, o ciúme, o apego, que tornam a convivência difícil.

No relacionamento adulto fica mais evidente a índole e o tipo de amor que a pessoa sente pela outra. Desse modo, a má índole e a forma nociva de amar tornam a relação complicada.

As complicações do convívio a dois são sempre atribuídas ao parceiro. As pessoas preferem criticar ou responsabilizar o outro a assumir suas próprias dificuldades. Esse gesto demonstra a condição emocional em que elas se encontram. Agir assim é comprovar a imaturidade e permanecer distante das verdadeiras causas das problemáticas do relacionamento, que são mais suas do que do outro.

Olhe para si e observe: por que você se machuca tanto com o que o outro faz? Será que a situação é mesmo tão grave como você a vê e a conduta do parceiro tão ruim assim?

Se ele o trata com hostilidade ou indiferença, foi você quem provocou tudo isso, com as cobranças excessivas sobre ele. Por se sentir inseguro na relação, você excedeu no apego. Diante disso tudo, você não é vítima, mas sim o causador da situação em que se encontra.

Problemas dessa ordem no relacionamento são indício de auto-estima baixa, de falta de amor-próprio e imaturidade emocional. Assim, portanto, a solução dos seus problemas afetivos não está no parceiro, mas em você mesmo. Não adianta esperar um comportamento diferente do outro. Quem precisa mudar a postura na relação é você.

Conquista

A maioria dos relacionamentos tem seu início com atração física. A afetividade costuma a surgir durante o envolvimento.

Com o intuito de ser bem-sucedidas na "paquera", a tática utilizada pelas pessoas são frases decoradas e "cantadas" triviais para impressionar. Elas mostram-se diferentes do que são, moldando-se às preferências do outro. Nesse jogo de sedução, as pessoas não assumem suas dificuldades e limitações. Demonstram ser mais do que são, omitindo qualquer característica que revele fragilidade ou inadequação. A conquista acaba sendo um festival de máscaras e supercompensações.

As "paqueras" são feitas com grande exibicionismo. As pessoas pensam que para conquistar alguém têm que ser maravilhosas em tudo. Elas esquecem que não vão conseguir sustentar uma falsa imagem por muito tempo.

Estar com alguém desse modo não passa de encontros ilusórios, que dificilmente levam a uma relação profunda e duradoura. Afinal, fica embaraçoso para a pessoa revelar aquilo que negou no começo do envolvimento.

Ser omisso durante a conquista, negando o que lhe é próprio, compromete a originalidade, ao passo que ser verdadeiro valoriza a si mesmo. Uma pessoa espontânea cativa mais do que se ela usasse de artifícios.

Não se deve desprezar o jeito de ser para conquistar alguém. Se você negar suas particularidades, estará reforçando sua inadequação pessoal. Lembre-se: quem gostar de você precisa aceitá-lo como você é. Para tanto, é necessário ser sincero desde o início. Sinceridade é a expressão do verdadeiro sentimento.

Quando uma das partes faltar de sinceridade para com a outra, existirá um certo distanciamento entre o casal. Não se trata de uma distância física, mas sim afetiva. Sem expressar o que sente, a relação torna-se fria e as pessoas permanecem distantes afetivamente. Assim sendo, a sinceridade é valiosa, ela promove a verdadeira aproximação.

Sufocar a essência é constrangedor. Pode ser que você consiga ter alguém por um tempo, mas será que essa pessoa vai permanecer ao seu lado quando descobrir suas reais características? Quando as máscaras caírem e suas verdades vierem à tona, só vai permanecer do seu lado quem gostar de você como você é.

Para ser feliz e realizado com alguém, é preciso haver uma união verdadeira; esta só ocorre se o outro aceitar o seu jeito de ser. Para que isso ocorra, é necessário auto-aprovação e não viver interpretando e escondendo-se atrás das máscaras. Só é omisso quem não se aceita.

Ser autêntico é fundamental para a realização afetiva; afinal, você é parte integrante do relacionamento. Não basta ser sincero com os outros, é necessário não se enganar. Quem se engana não opina, bloqueando as vontades e assumindo uma falsa postura para agradar os outros. Já aquele que é verdadeiro para consigo mesmo e se respeita, conseqüentemente, será tratado com dignidade pelos outros. Esse tem capacidade de consolidar um envolvimento afetivo, evitando futuras decepções.

As pessoas se dedicam mais a conquistar alguém do que a zelar pelas condições internas para que tenham um bom relacionamento.

Em algum momento você já se perguntou: estou suficientemente fortalecido emocionalmente e tenho sido sincero comigo mesmo, para ser verdadeiro com meu parceiro e ter uma relação saudável?

Nunca queira ser mais nem se sinta menos que os outros. Seja autêntico. Você não precisa se fazer de forte o tempo todo, nem se utilizar de qualquer artifício para ser feliz. A felicidade está no reconhecimento dos verdadeiros valores.

Visto que o relacionamento é a oportunidade de vivenciar os próprios sentimentos, é importante constituí-lo, desde o início, de forma a lhe proporcionar liberdade de expressão. Só é feliz na relação quem consegue se encontrar nela.

Para que isso ocorra, é necessário preservar a sua essência, considerar as qualidades e principalmente aceitar as próprias dificuldades. É importante ser sincero e espontâneo, aprender a se colocar perante o outro, parar de se anular e omitir seus sentimentos. Somente assim haverá condições para você se "soltar" e ser feliz ao lado de seu companheiro.

Simpatias e mandingas

Uma outra forma de conquista são as simpatias, mandingas e trabalhos espirituais. Esses métodos evitam que a pessoa se exponha. Aqueles que recorrem a essas práticas com a finalidade de atrair e "prender" alguém ao seu lado demonstram insegurança e inferioridade. Sentem-se sem atributos próprios para atrair quem despertou seu interesse. Isso não é nada construtivo, tampouco edifica uma relação saudável.

Existem aqueles que possuem uma índole má e se utilizam de forças escusas para atingir seus objetivos. Geralmente isso ocorre quando a pessoa escolhida para com quem se relacionar é alguém de outro patamar de vida ou já está comprometida com outro relacionamento.

Em muitos casos, sua opção afetiva é por aqueles que se destacam em seu meio social, pois essa é uma maneira de se promoverem perante os demais e sentirem-se numa condição de superioridade. Fazem de tudo para conquistá-la. Enquanto não a tiverem em suas mãos, não ficarão satisfeitos.

Utilizando-se dessas energias, muitas vezes as pessoas maldosas conseguem dominar o outro, despertando nele uma paixão avassaladora e tornando-o completamente cego e afetivamente dependente dela.

Dominada por essas forças energéticas e espirituais, a pessoa passa a fazer todas as vontades da outra sem se importar com aqueles que estão a sua volta, chegando ao ponto de comprometer seu senso de moral. Dedica a maior parte do seu tempo a pensar na suposta amada. É capaz de largar o emprego e até a família para viver essa arriscada aventura. Faz verdadeiras loucuras em nome dessa paixão.

O fato de estar sob essas poderosas influências não significa que seja vítima, porque, se esse mal a atinge, é porque existe vulnerabilidade emocional. As condições internas que tornam a pessoa vulnerável são carência afetiva, baixa auto-estima e falta de amor-próprio. Enquanto se sentir assim, não conseguirá sair das garras de seu dominador.

Para que a pessoa consiga sair desse emaranhado, é necessário que ela recupere o amor-próprio e se conscientize das maldades praticadas contra ela. Somente assim poderá superar a paixão ilusória e o jugo energético.

* * *

O que leva alguém a ser tão maldoso, insensível e vulgar ao ponto de utilizar essas forças negativas é o fato de se encontrar numa condição interna de inferioridade e baixa auto-estima. A insegurança afetiva para uma pessoa de má índole é um provável caminho à bruxaria.

As pessoas que se utilizam desses métodos são dependentes da aprovação dos outros. Para sentirem-se valorizadas, precisam estar ao lado de pessoas importantes. Por isso, querem tê-las a qualquer preço.

Elas não conseguem enxergar que, da mesma forma que não respeitam o sentimento dos outros, também estão se desrespeitando. Agindo assim, tornam-se fúteis e vulgares. Desse modo não serão levadas a sério por ninguém.

Assim como usam as pessoas para se promoverem, também muitas vezes são usadas. Na trajetória da maldade, ninguém consegue estabelecer relações duradouras. Melhor dizendo, não são capazes de "amarrar" alguém por muito tempo, tampouco conquistar quem assuma uma vida a dois.

A origem desses trabalhos espirituais em nossa cultura se deu na época da escravidão. Os africanos que vieram para o Brasil trouxeram suas culturas religiosas. As crenças africanas são sérias e profundas, porém existem pessoas que deturpam esses rituais, utilizando-os para fazerem maldades.

O lado obscuro dessas seitas já era praticado pelos negros escravos, que se revoltavam contra os seus senhores. Como havia uma enorme distância social entre eles e os senhores de engenho, a única forma de os escravos atingirem as pessoas da corte era por meio dos trabalhos espirituais.

Hoje esses métodos tornaram-se populares. No entanto, as pessoas que recorrem a eles para se aproximar de alguém demonstram uma inferioridade perante sua conquista comparável à distância social entre os escravos e os donos das terras.

Isso explica por que as relações que tiveram início com trabalhos de magia não são duradouras, porque quem precisou deles para se aproximar do parceiro sente-se desqualificado para o relacionamento.

Em virtude da falta de consistência emocional e do seu complexo de inferioridade, não basta um feitiço para conquistar, é preciso renová-lo para manter o encanto sobre o outro. Com isso, a pessoa torna-se dependente de novos trabalhos para conseguir manter seu relacionamento.

Os compromissos assumidos com essas forças sobrenaturais tornam-nas presas e dependentes das entidades espirituais que compõem esses trabalhos, estabelecendo assim um outro tipo de escravidão, não exatamente social, mas energética.

Não se conquista a felicidade afetiva pelos caminhos do mal. Não é por meio de forças destrutivas que se constrói a felicidade. Com maldade jamais se alcança o bem.

Do mesmo modo, criticar, xingar, acusar, mentir e amedrontar não edificam uma personalidade voltada ao bem.

* * *

Não são todas as pessoas de má índole que seduzem e dominam alguém por meio de trabalhos de feitiçaria. Existem aquelas que possuem grande capacidade de persuasão e utilizam-se disso para dominar os outros e induzi-los a atenderem aos seus caprichos.

Elas nem precisam recorrer à magia para atingir seus objetivos escabrosos. Seu magnetismo pessoal é capaz de controlar aqueles que servem aos seus interesses.

Quem tiver essa força energética e usar esse potencial para aliciar pessoas é de má índole, que emprega seu talento de forma destrutiva e egoisticamente.

Essas pessoas, chamadas magnetizadoras (que conseguem exercer forte influência sobre os outros), podem tanto sugar as energias como exercer um controle mental sobre seus alvos. Nesse caso, emanam uma força dominadora quase irresistível.

Existem alguns relacionamentos em que uma das partes exerce um poder dominador sobre a outra. Mesmo distante, a pessoa dominada é bombardeada por essas energias, que a mantêm submissa às influências do parceiro.

Esses casos ficam evidentes em algumas separações. O magnetizador continua exercendo um controle sobre a mente e os atos da pessoa. Mesmo depois do rompimento, aquele que sempre foi dominado pelo outro não consegue se desprender nem se desligar dele. É uma espécie de obsessão.

Essa condição impede que a pessoa dominada continue sua vida afetiva e seja feliz com outro parceiro, pois a energia negativa em torno dela dificulta a aproximação dos outros.

Para se desprender desse tipo de domínio é necessário que a pessoa se desprenda completamente do passado, principalmente da fase em que esteve na companhia da figura dominante; que se fortaleça emocionalmente e saia do auto-abandono em que se encontrava naquela época.

Quem não consegue livrar-se dessas influências negativas não se reformulou interiormente, continuando ligado ao outro. Esses elos energéticos somente serão rompidos quando a pessoa conseguir se libertar de toda a problemática vivenciada.

Para isso é necessário ter a consciência de que ela se permitiu tudo o que aconteceu de ruim na sua vida. Não adianta atribuir ao outro a inteira responsabilidade pelo que houve. A pessoa também foi responsável. A partir do momento em que ela se permitiu ser usada, permanecendo omissa o tempo todo, também foi conivente com as ocorrências negativas do relacionamento.

Se você sente que o passado ainda o persegue, de maneira direta ou indireta, é que não foi capaz de se perdoar a si e ao outro. O perdão é o maior gesto de libertação desses emaranhados energéticos. Para que você consiga isso, primeiramente, deve se perdoar. Por ter caído nas garras desse tipo de gente, por ter se abandonado e se omitido por tanto tempo. Ao assumir essa condição interna, os elos se rompem e nenhum tipo de influência negativa irá atingi-lo.

* * *

Em menor escala existem simpatias populares para atrair um namorado. Nesse caso o comprometimento energético é bem menor que as obrigações feitas nos trabalhos espirituais.

A maioria das pessoas que se utiliza de simpatias não é de má índole. Elas querem apenas garantir a possibilidade de ter alguém do seu lado para amar e ser amadas. Normalmente são levadas a essas práticas pela ingenuidade.

Mesmo assim, a condição interna é praticamente a mesma daqueles que procuram a bruxaria. A única diferença é a ausência de maldade das pessoas que fazem apenas algumas simpatias. Porém são pessoas que não se sentem merecedoras da presença de alguém especial na sua vida.

Acreditam que esses métodos simples irão atrair um namorado. Para elas, fazer simpatias para o amor é receber as forças do bem intercedendo a seu favor. No entanto, isso não acontece. Afinal as forças benéficas não são evocadas de forma tão vulgar como essa.

Além do mais, se a pessoa vier a conquistar alguém por meio disso, pode ser que isso venha a agravar ainda mais suas dificuldades emocionais. Ela não se sentiria suficientemente confiante consigo mesma para manter seu relacionamento.

Por outro lado, existem casos de pessoas que obtêm bons resultados com as simpatias. Quando isso ocorre, costuma-se dizer que aquela simpatia funcionou. Mas não é bem assim. O que geralmente acontece é que elas encontram nessas práticas uma segurança que naturalmente não existe nelas. Isso faz com que as pessoas se sintam confiantes na possibilidade de conquistar alguém que seja maravilhoso. Sua fé nos resultados das simpatias acaba sendo um fator de fundamental importância para o seu fortalecimento emocional.

Mesmo assim não é a melhor ação para conquistar alguém, visto que qualquer coisa que se faça neste sentido demonstra uma incapacidade própria de ser feliz no relacionamento.

A melhor atitude a ser tomada para conquistar alguém é ser verdadeiro. Expressar-se com originalidade e sem exageros. Sentir-se em condições e merecedor de uma pessoa especial para amar e se relacionar, deixando na mão da natureza a definição da sua vida afetiva.

Como você não conhece profundamente a pessoa que o atrai, é melhor deixar o desenrolar da situação a cargo da generosidade da vida, para que ela trace os caminhos da sua felicidade. Nesse caso, se a pessoa de que você estiver gostando nesse momento for alguém digna e merecedora da sua companhia, com a qual serão felizes juntos, a união vai ocorrer naturalmente. Caso contrário, é melhor se decepcionar agora do que vir a sofrer no futuro.

Esta é uma postura muito saudável para estabelecer uma união consistente e duradoura, porque "forçar a barra" para estar com alguém pode ser uma péssima escolha e um caminho para a infelicidade. *Acredite em você, sinta-se merecedor da felicidade e deixe que a vida se encarregue de lhe trazer o melhor.*

O verdadeiro e o falso no relacionamento

Para discernir o que é verdadeiro do que é falso na relação, devemos tomar por base a afetividade, o que o coração nos faz sentir, e não o que queremos ou pensamos. A realidade emocional é diferente da mental. Geralmente o universo mental está contaminado por crenças e valores apreendidos durante a vida. Já o sentimento é desprovido de qualquer critério.

Os fatos não são necessariamente como nós os interpretamos. Normalmente a interpretação da situação é diferente do que sentimos a respeito dela. Ao vermos uma pessoa de que gostamos numa situação difícil, por exemplo, a primeira reação é ajudá-la. Nossa mente está programada para isso. No entanto, se pararmos um minuto e sentirmos o coração, veremos que o melhor a ser feito é não interferir. Com isso, a pessoa vai aprender a resolver seus próprios problemas e a desenvolver-se.

Situações como essas não são encaradas assim. Diante de tal fato, podemos nos sentir mal por não conseguirmos fazer nada pelo outro. Esse mal-estar não é proveniente da alma, mas sim dos valores registrados na mente, que cobra de nós uma postura de ajudar quem amamos. Isso demonstra o quanto a mente interfere no emocional e sufoca a verdadeira expressão do sentimento.

Quando nos submetemos ao coração descobrimos que o sentimento é diferente dos pensamentos. O que sentimos não está vinculado às condições em que se encontra a pessoa amada. É a mente que se atém a esses aspectos. É necessário fazer essa seleção entre o que é da mente e o que é da alma para não sofrermos e para investigarmos o que é verdadeiro ou falso na vida afetiva.

Isso não significa que devemos excluir o senso de observação. Ele nos possibilita investigar os caminhos para onde apontam nossos sentimentos, para desvendarmos as verdadeiras intenções de quem escolhemos para amar e nos relacionar.

O universo racional tem sua parcela de contribuição na felicidade amorosa, principalmente quando estamos iniciando um novo envolvimento. A mente pode preservar a nossa integridade e impedir-nos de mergulhar numa relação com alguém que não seja digno de nossa companhia.

Agir somente pelo coração, desprezando o universo mental, traz o risco de tornarmos caóticas nossas relações. Passaremos a viver numa espécie de "cegueira emocional", que é uma característica da pessoa apaixonada.

* * *

Se estiver iniciando um relacionamento, aqui vão algumas "dicas", para evitar que você seja alvo da maldade alheia. Não se deixe levar pelas aparências, tampouco pela sua empolgação; é importante sentir e observar a pessoa amada. Somente assim será possível fazer uma opção consciente de quem você está incluindo em sua vida.

Se, ao verbalizar o sentimento, a pessoa se torna manhosa e chorosa, não se iluda, julgando que isso é sinal de amor. Essa conduta, metafisicamente, é indício de apego a problemas afetivos, não significa intensidade de amor. O amor é um fluxo de ternura e afetividade, não um "mar de lágrimas".

O choro representa uma emoção de desprendimento. Por isso, se a pessoa expressa o seu sentimento chorando, é que ela já foi muito machucada nas relações anteriores e ainda não se desprendeu totalmente desses acontecimentos desagradáveis, podendo reproduzi-los no relacionamento com você.

Em alguns casos o choro poderá indicar um outro tipo de problemática. Trata-se de crenças, tais como: não irei encontrar quem goste de mim, não mereço ser feliz ao lado de alguém. A falta de consistência emocional das pessoas que acreditam nisso é a mesma dos casos anteriores. Nessas condições elas não estão preparadas para assumirem um relacionamento maduro e saudável.

Não se deixe impressionar pelas lágrimas amorosas do outro, pois você poderá se decepcionar no relacionamento com essa pessoa.

Para conhecer um pouco mais a condição emocional da outra pessoa, basta analisar como foram os relacionamentos anteriores. Assim você vai ter uma noção da sua bagagem afetiva, pois raramente as pessoas se renovam, o mais comum é elas reproduzirem no presente as mesmas problemáticas do passado.

Não é porque uma pessoa não foi feliz anteriormente que ela não pode ser agora. Obviamente, se ela tivesse encontrado a felicidade no passado, não estaria disponível para ter um relacionamento com você. No entanto, se as experiências dela não foram bem-sucedidas, isso requer uma postura mais firme de sua parte, para evitar que os mesmos erros ocorram com você.

Relacionar-se com alguém que teve experiências afetivas complicadas é um grande desafio, que exigirá de você um bom equilíbrio emocional para manter a relação estável.

Vida a dois

O que determina um relacionamento harmonioso não é apenas o fato de ter um bom parceiro, mas sim, a sua capacidade de se entregar a alguém. A dedicação é mais importante para a experiência afetiva do que encontrar uma pessoa ideal para viver um grande amor. Afinal, não adianta você estar ao lado de uma pessoa maravilhosa, se você não for capaz de abrir seu coração para amar.

Procure melhorar a qualidade do relacionamento atual. Isso será mais construtivo do que se dispor a sonhar ou procurar alguém melhor para você.

A harmonia da relação não depende exclusivamente do parceiro; a maior contribuição é sua. Empenhe-se na realização daquilo que lhe cabe. Não fique esperando só do outro, comece a fazer algo por você. Que tal resolver as próprias dificuldades afetivas? Isso já seria um bom começo...

Adote uma postura saudável na relação, não dependa de seu companheiro para ser feliz. Conquiste a sua felicidade junto de quem você ama. A realização afetiva está a seu alcance. Para tanto, é necessário encontrar um modo de contornar as divergências e administrar os obstáculos do cotidiano.

Na vida, tudo é opção. Foi você que escolheu com quem se relacionar. O que está faltando é você assumir seu relacionamento e adotar uma nova postura na vida afetiva.

* * *

Para manter um bom nível de relacionamento, é necessário ser solto e descontraído perante a pessoa amada, manter a originalidade e preservar sua maneira de ser. Não é buscando a aprovação do outro que você adquire carinho e atenção. Primeiro aprove-se, para depois ser aceito e respeitado por quem estiver do seu lado. Em vez de esperar ser valorizado, valorize suas capacidades.

Não viva implorando a consideração do outro, considere o quanto seu sentimento pode unir vocês.

Não fundamente sua relação nas carências afetivas, nem espere de seu parceiro aquilo que você não tem para consigo mesmo. Não queira que o outro preencha as lacunas causadas pelo seu auto-abandono. *Ninguém recebe aquilo que não sabe dar a si.*

O amor é a sua integração com os demais seres. Só ama quem estiver ligado em si mesmo.

No relacionamento você tem a oportunidade de vivenciar o seu amor por alguém. Não projete na relação suas dificuldades pessoais. Se assim o fizer, em vez de se realizar afetivamente, você estará se complicando emocionalmente.

Quando algo o afligir, certifique-se de que não se trata das próprias dúvidas e incertezas. É muito comum transferir suas inseguranças e medos na relação. Quando isso ocorre, o problema não está na situação externa, mas sim no seu mundo interno, no seu modo de encarar os acontecimentos.

Para evitar o transtorno causado pela falta de discernimento entre o que é seu e a realidade dos fatos, é necessário despojar-se dos temores e apoiar-se naquilo que você sente pelo outro.

Procure não tirar conclusões precipitadas acerca das situações. Não se baseie em hipóteses infundadas sobre o relacionamento, busque certificar-se bem, antes de tomar qualquer decisão definitiva para a sua vida afetiva. Agindo assim, poderá evitar uma série de conflitos desencadeados pelas próprias inseguranças.

Quem vive reclamando do seu parceiro, esquece suas próprias dificuldades emocionais. Será que ele é tão ruim quanto você imagina ou é o seu jeito de se relacionar com ele que não é nada bom?

É fácil reclamar do outro; o difícil é admitir em você aquilo que é nocivo para a relação, como suas expectativas, cobranças excessivas, dificuldade de expor o seu sentimento, falta de sinceridade, medos e inseguranças. Isso tudo influencia no seu modo de conduzir o relacionamento, tornando-o muito difícil. Não adianta tentar corrigir o outro quando o maior problema está em você.

Não queira mudar seu companheiro; altere a sua postura perante ele, que sua relação vai ficar muito melhor. A principal mudança é interna e não externa. Lembre-se: *nada muda se você não mudar.*

* * *

Basicamente o que torna um relacionamento ruim é a péssima relação que cada um tem consigo mesmo. Algumas pessoas não se respeitam, elas sufocam suas necessidades pessoais para agradar ao outro. Faltam-lhes amor-próprio e autovalorização. Em virtude disso, passam a depender do outro para obter aquilo que não existe no seu interior.

Pode ser que o seu parceiro não seja tão ruim quanto você pensa. Pior que ele é a forma como você se trata: negando a si e supervalorizando o outro.

Normalmente as pessoas dão muita importância aos acontecimentos do cotidiano, deixando de considerar aquelas que compartilham de sua vida. Atêm-se mais ao procedimento delas do que em edificar o amor que sentem. Vivem perturbadas com ferimentos causados pela conduta indesejada de seu parceiro. Elas ficam tão ligadas naquilo que o outro fala ou faz, que não percebem seu próprio coração. Querem ouvir do outro que são amadas.

O que nos incomoda nas pessoas é a forma como agem e não o que são. Apegar-se aos comportamentos negativos delas pode abalar nosso sentimento. O amor é direcionado ao ser que amamos e não a sua personalidade. Por isso é importante administrar as diferenças e se desprender dos aspectos superficiais, para expressar nosso mais profundo sentimento.

* * *

Se o seu companheiro desagrada-o com freqüência, talvez isso ocorra porque você é muito criterioso. Geralmente as pessoas que vivem descontentes com o parceiro são mimadas.

O mimado quer tudo do seu jeito. Quando a situação for diferente do que ele imagina, fica descontente e costuma fazer drama. Para tornar uma situação agradável, é necessário que se tenha flexibilidade a fim de acatar a realidade e abandonar as fantasias e o mimo.

Para que sua relação seja saudável, é importante que você tenha bem definida em você a seguinte questão: você quer ser amado ou mimado?

É comum as pessoas quererem ser tratadas pelo parceiro de uma maneira especial: que ele faça tudo para agradá-las. Os critérios adotados como prova de amor estão mais para mimo do que para verdadeira expressão do sentimento.

O amor promove a união e o desenvolvimento, não a dependência e o mimo.

A essência do relacionamento é cada um fazer sua parte e ambos se desenvolverem juntos, um incentivando o outro mas não fazendo aquilo que não lhe cabe. A vida a dois pode ser comparada a uma estrada, onde as pessoas caminham juntas, mas cada uma com suas próprias pernas, ninguém carregando o outro no colo, apenas seguindo a mesma direção e compartilhando dos mesmos objetivos.

Não pense que fazer tudo o que seu parceiro lhe pede é demonstração de amor. Agindo assim, você só o está mimando. Não se abandone para atender às solicitações do companheiro. Desse modo, você estará se distanciando de si e mergulhando num vazio interior que provoca a carência afetiva.

Para obter a realização afetiva, é necessário não romper consigo mesmo, tampouco reprimir a maneira de ser do parceiro. É importante que ambos tenham originalidade e sejam espontâneos na relação.

Assumir uma vida a dois é aceitar a realidade e administrar as adversidades do cotidiano, preservando o amor que os uniu e também mantendo a relação.

Esse ponto do relacionamento só é atingido quando forem superados os choques provocados pelos diferentes hábitos e costumes existentes na vida a dois, quando o homem e a mulher compreenderem suas verdadeiras lições de vida em uma relação.

Essas lições são igualmente válidas para ambos, embora sob manifestações diferentes.

Principais lições do homem:

1ª – Aprender a se doar.

Doação não é simplesmente prover as condições sociais e financeiras da família. É dedicar-se à pessoa que está ao seu lado. Compreender a condição emocional dela, suas fraquezas e dificuldades. Isso é obtido com o diálogo. A tendência do homem é permanecer calado, distante e frio na relação.

2ª – Expressar os sentimentos.

Abrir o coração e permitir que o sentimento se manifeste.

3ª – Valorizar a presença de sua companheira.

Não ser indiferente nem tratá-la com rispidez.

Geralmente os homens não reconhecem a contribuição da mulher para o sucesso do casal. A presença de uma grande mulher é significativa para a vida profissional e social de um homem. Existe um ditado popular que expressa bem isso: "Por trás de um grande homem existe uma grande mulher". Na vida do homem bem-sucedido, normalmente há, junto dele, uma mulher de fibra acompanhando-o.

4ª – Empenhar-se em constituir uma convivência saudável, com sinceridade e espontaneidade.

5ª – Desenvolver a paciência e a tolerância em relação à pessoa que ama.

Principais lições da mulher:

1ª – Respeitar as diferenças entre ambos.

Não querer que o companheiro seja um modelo de parceiro ideal.

2ª – Reconhecer a si mesma.

Não buscar aprovação do parceiro.

A natureza feminina é mais interativa do que a masculina. Por isso, a mulher é mais propensa a moldar-se ao homem e a sufocar a própria essência, adotando um estilo de vida que não é o seu. O maior desafio dela na vida a dois é não perder o seu próprio referencial.

Essa experiência é tão difícil para a mulher que existe uma boa parte delas que se anula para agradar o companheiro. Deixam de fazer o que gostam e têm vontade, para cumprir as obrigações que tomaram para si. Querem a perfeição e se esquecem de serem verdadeiras.

3ª – Respeitar os limites, permitindo que o parceiro viva as próprias experiências.

Não fazer cobranças excessivas, sufocando o companheiro, devido a suas inseguranças. Não ser movida pelo medo de perdê-lo, passando a exigir a presença dele o tempo todo.

Lembre-se: quem respeita o outro tem respeito próprio, conseqüentemente é respeitado.

O homem é mais voltado a receber. O que ele mais precisa é desenvolver a capacidade de doação e dedicação. Já a mulher tende a ser mais hábil na dedicação. Geralmente elas se excedem, fazendo tudo para os outros. O que elas mais necessitam aprender é reconhecer seus valores, aceitar o que a vida lhes proporciona, e o que o outro tem de melhor a lhes oferecer.

Quando essas condições forem harmonizadas no interior de cada um, pode-se dizer que o casal conquistou uma relação aprimorada e amadurecida.

Problemas no relacionamento

A maioria dos problemas ocorre porque as pessoas projetam na relação suas carências e conflitos interiores.

O relacionamento se desgasta e o sentimento é reprimido, quando se busca nos outros aquilo que não existe em si mesmo. Isso faz com que haja uma dedicação exagerada ao parceiro, a ponto de se esquecer de si mesmo. Esse comportamento desencadeia a dependência.

Enquanto ambos não forem auto-suficientes, a vida a dois poderá ser desarmônica. As pessoas preferem acomodar-se umas às outras, em vez de dedicarem-se ao desenvolvimento de suas qualidades. Essa condição reforça ainda mais a carência.

O indivíduo carente não tem consistência emocional suficiente para conduzir uma relação saudável. Carência é falta de amor-próprio. Quem não se ama é propenso a assumir alguns papéis, como: supermulher/homem; perfeita(o) companheira(o) etc., para ser aprovado. Submete-se a situações desagradáveis em troca de carinho e atenção do parceiro.

Não adianta você buscar sua identidade no outro, porque você não está em ninguém, mas em si. O maior encontro é consigo mesmo.

A rotina é uma das mais constantes queixas dos casais. Eles criam hábitos e permanecem limitados. Freqüentam os mesmos lugares e não se permitem conhecer novas opções. O mesmo ocorre na intimidade sexual: descobrem uma forma agradável de se relacionar e sempre repetem as mesmas posições.

É preciso diversificar, para manter o relacionamento dinâmico. A inovação é fundamental para o convívio agradável.

O homem é mais propenso a esse comodismo. Para ele, a rotina não afeta tanto. No tocante às mulheres, elas são as mais afetadas por essa conduta. Cabe ao casal conversar a respeito dos seus costumes e procurar juntos novas alternativas para que a relação não se torne monótona.

Existem outros comportamentos nocivos para a relação. Trata-se do apego, fantasia, ilusão, ciúme e inveja.

Apego

É a aproximação exagerada entre as pessoas e ao que elas representam uma para a outra. É a busca de reconhecimento e segurança no parceiro, bem como a necessidade de satisfazerem os próprios desejos por meio da relação.

Essa condição é prejudicial para ambos os lados. Quem se apega passa a viver em torno do outro, limita-se à relação e deixa de expandir-se no social e no profissional. Por sua vez, quem se deixa apegar compromete seu próprio desenvolvimento.

Com o tempo, essa conduta desgasta o relacionamento. É preciso saber dosar a afeição. Tudo que é excessivo não tem sustentação nem durabilidade.

Numa relação onde existe o apego, a união não é verdadeira, o casal não assumiu integralmente o relacionamento. Sente-se ameaçado por uma constante suspeita de separação. Para tentar evitar o suposto rompimento, a pessoa começa a solicitar constantemente a presença do companheiro, bem como sua dedicação exclusiva.

Quem se apega é inseguro e imaturo emocionalmente. Não tem capacidade de auto-suprir-se. Não consegue realizar nada sozinho, depende da companhia de alguém para se fortalecer interiormente.

Aquele que diz não suportar a ausência da pessoa amada é apegado a ela. Isso demonstra também falta de amor-próprio. A relação passa a ser a única possibilidade de recuperar a auto-estima.

Quem acredita que somente o parceiro é responsável pela sua felicidade, ou depende de qualquer elemento externo para obtê-la, desenvolve o apego. Esse indivíduo passará a depender sempre de alguém para alcançar a realização pessoal e afetiva.

Para uma pessoa apegada desprender-se desse conflito é necessário fortalecer a sua segurança interior. Isto é desenvolvido à medida que ela recuperar a auto valorização, o amor-próprio, e acreditar na sua habilidade de estabelecer vínculos com alguém.

O desapego demonstra confiança em si mesmo. Nessas condições, a pessoa estará apta a desfrutar de um relacionamento saudável e sem neuroses.

Na vida, *não se perde aquilo que nunca se teve*. No tocante ao relacionamento, caso você seja privado da companhia do parceiro, é porque não havia uma união plena. Quando as ligações afetivas forem verdadeiras, nada separa o casal.

Quem ama nunca perde. *O amor é um sentimento que pertence a você*. No que diz respeito à pessoa amada, ela jamais foi, nem poderá ser, exclusivamente sua. Deve-se considerar os elos afetivos dela com a família, os amigos etc. Você nunca tem pleno domínio sobre o outro, apenas faz parte da vida dele.

Talvez esteja faltando a você adquirir essa consciência, pois quando o relacionamento se apresenta equilibrado, não há necessidade do apego, cada um tem em si a segurança necessária para caminhar na vida.

Fantasia

É um produto da imaginação, utilizado como mecanismo de defesa para suavizar as tensões, reduzir a ansiedade e promover uma certa satisfação.

A fantasia é uma forma de auto-afirmação e autoproteção. Ela ajuda a manter o respeito próprio e a desprender-se das situações que ameaçam o bem-estar. É uma maneira de atenuar as frustrações, podendo evitar a angústia e a depressão.

A idealização de coisas boas, por exemplo, facilita superar as decepções, como imaginar que a situação vai melhorar, que conseguirá atingir seu intento, e assim sucessivamente. Existem também as más fantasias. Estas servem como vingança, uma maneira de ir à desforra contra seus opressores.

Fantasia é uma espécie de sonho acordado, utilizada principalmente pelas pessoas que se sentem incapazes de transpor os obstáculos da vida e vencer seus próprios desafios.

Se elas forem dosadas à realidade e compostas por elementos possíveis de serem alcançados, tornam-se objetivos, que motivam a concretização dos desejos. Fantasiar moderadamente é uma maneira de ajustar o indivíduo à situação.

Se a introspecção fantasiosa for prolongada e com subsídios distantes da realidade, torna-se doentia.

Entregar-se aos devaneios é iludir-se e acumular frustrações. Desprezar os fatos não resolve os conflitos que estão ao redor. A satisfação em sonhar só dura alguns instantes, logo deparamos com os acontecimentos desagradáveis, e o incômodo é maior.

Em vez de submeter-se aos caprichos, raciocine em torno da realidade. Assim você terá maior aproveitamento dos seus potenciais. Use sua imaginação para encontrar soluções e alternativas de bem-estar. Não crie tantas idealizações utópicas, atue na situação com objetividade. Desse modo você terá mais chance de ser feliz e realizado.

Ilusão

É a interpretação distorcida dos fatos. Serve como um mecanismo para atenuar o desconforto provocado pelos acontecimentos desagradáveis.

A pessoa iludida não encara de forma objetiva as situações, engana-se e usa de subterfúgios para não admitir o óbvio. Prefere permanecer na subjetividade, assim suaviza a frustração e evita tomar decisões.

O que precisa ser feito pode ser adiado, sabotado e negado. Porém não adianta fugir ao inevitável. Um dia você terá que se posicionar e agir, bem como aceitar a realidade dos fatos.

Não há muita diferença entre ilusão e fantasia. Estar iludido é deixar ser levado pelas falsas aparências. Na ilusão são utilizados elementos da realidade, enquanto na fantasia é criado um cenário completamente diferente do real.

A maior ilusão é acreditar que as fantasias são verdadeiras. Quando isso ocorre, é que a pessoa rompeu com a realidade e passou a viver num mundo imaginário.

Costumamos criar muitas ilusões acerca das pessoas que estão a nossa volta. Interpretamos suas atitudes de acordo com aquilo que esperamos delas. Damos ênfase aos gestos que correspondem às nossas idealizações. Imaginamos que elas são como as vemos; esperamos delas um procedimento com as nossas expectativas.

Ninguém é exatamente como você espera que seja. Cada um tem seu jeito próprio. É melhor aceitar isso do que criar ilusões.

O mesmo ocorre no tocante à ilusão que os outros criam a nosso respeito. Eles nos vêem e descrevem-nos de uma maneira bem diferente da qual somos. Isso é muito freqüente nas relações. Muitas vezes somos mal interpretados, os outros entendem de maneira diferente aquilo que falamos. *Cada um ouve o que quer e não o que realmente foi falado.*

A ilusão reserva algumas surpresas desagradáveis: presumimos que alguém seja digno de nossa confiança, mas, ao descobrimos suas verdadeiras intenções, ficamos desiludidos. *Desilusão é a visita da verdade.* É sair da ilusão e da realidade, é acatar aquilo que sempre negamos. Geralmente demoramos a conhecer os propósitos daqueles que se aproximam de nós. Isso acontece porque tentamos evitar as decepções, preferimos nos iludir a aceitar os fatos.

Ciúme

Surge pela diminuição da auto-estima e supervalorização da pessoa amada. É fruto do sentimento de inferioridade que gera a insegurança afetiva. A dúvida assombra a vida do ciumento, ele teme não conseguir manter o relacionamento.

O ciúme acentua-se à medida que a pessoa percebe que seu amor não é correspondido na intensidade esperada ou quando ela se sente ameaçada na relação.

O medo de perder é pior que a própria perda. Esse medo causa angústia e ansiedade. É um tormento que interfere na convivência provocando o ciúme.

A possibilidade de existir um rival, quer seja real ou imaginário, deixa o ciumento perturbado, principalmente quando se sentir em desvantagem perante o suposto adversário. Inicia uma vigilância exagerada sobre o parceiro. Mediante qualquer gesto suspeito por parte dele, reage de maneira agressiva, sendo que algumas vezes poderá apresentar crises histéricas.

Quanto mais insegura a pessoa for, maior a probabilidade de ela ser ciumenta. Nesse caso, a intensidade do ciúme é desproporcional à situação. Uma ligeira provocação ou algo mal interpretado é suficiente para desencadear esse sentimento.

Costuma-se dizer que uma dose de ciúme no relacionamento é um tempero para o amor. Isso não tem fundamento, visto que ninguém precisa dele para demonstrar o que sente.

Quem gosta de ver seu parceiro com ciúme para sentir-se amado, é que não está seguro ao lado dele.

O ciúme não é prova de amor, mas de instabilidade afetiva.

Inveja

É uma emoção negativa, um impulso ardente de possuir aquilo que o outro conquistou. A diferença entre o ciúme e a inveja é simples: sentimos ciúme daquilo que temos e invejamos aquilo que ainda não conseguimos obter.

A inveja se manifesta quando percebemos que o outro adquiriu algo que aspiramos. A inveja pode ser ainda maior quando julgamos que o outro não merece tais conquistas ou que a aquisição foi desleal.

A pessoa que sente um leve desejo sobre algo e não o alcança sentirá apenas a frustração. Já quando se trata de um intenso desejo, o fato de ela constatar que o outro obteve êxito e ela não, isso desencadeará a inveja.

O desejo é uma aspiração psíquica, um objetivo traçado pela mente, direcionado a um determinado propósito. Para torná-lo realidade, é necessário acreditar. Sua fé é responsável por criar condições ou atrair situações para a realização dos desejos. *Desejar não é suficiente para adquirir, é necessário acreditar.*

A confiança interior evita que a pessoa fique ansiosa e seja dominada pela inveja. *Quem acredita sabe esperar, pois confia em que um dia alcançará seus objetivos. Quanto maior a fé, menor o desejo; conseqüentemente não se tornará invejoso.*

Invejar a felicidade alheia é não se sentir em condições de conquistá-la.

Sentir inveja demonstra uma falta de confiança na sua própria capacidade de obter êxito ou não acreditar ser merecedor daquilo que pretende.

A inveja pode também surgir nas pessoas que possuem rivalidade com alguém. Elas não admitem ver o outro bem, querem se igualar ou superá-lo. Quando se vêem "por baixo", sentem-se inferiorizadas e ficam com inveja.

Quem compete demonstra alguma fraqueza, enquanto aquele que colabora com os outros comprova sua força de vontade e confiança em si mesmo.

* * *

Para viver intensamente uma relação saudável, é necessário desprender-se do apego, fantasia, ilusão, ciúme e inveja, bem como fazer uma reformulação interior, alterando a maneira de pensar.

A qualquer momento você pode pensar diferente a respeito de sua vida afetiva. Mudar os pensamentos fará com que você modifique a forma de agir, melhorando a qualidade da relação. Cultivar bons pensamentos e ser positivo no tocante ao sucesso afetivo é de fundamental importância para uma convivência harmoniosa.

As coisas podem não ser necessariamente como você as vê. Muitas vezes, a maior complicação não está nos acontecimentos propriamente ditos, mas sim na maneira de interpretar o que se passa ao redor. A ótica empregada na situação pode favorecer ou dificultar a resolução das pendências afetivas.

Assim, se você enfrentar um episódio com espírito conciliador, ele se tornará mais suave. Mas se você defrontá-lo como sendo um grande problema, será difícil solucioná-lo.

A reformulação interior pode melhorar tudo a sua volta. Não atribua a solução aos outros, procure-as em si mesmo. A resposta pode estar na forma de você se posicionar frente a seu companheiro.

Após qualquer divergência do convívio, espera-se que o outro peça desculpas. Geralmente as desavenças perduram porque as pessoas não cedem, elas preferem manter-se isoladas e mal-humoradas a relevarem às discórdias. Ficam esperando que o parceiro tenha uma iniciativa reconciliadora. Esse comportamento é provocado pelo orgulho. Ele é um dos maiores agravantes da infelicidade afetiva.

Quando cada um superar seu orgulho e buscar em si mesmo uma maneira saudável de conduzir a relação, muita coisa poderá melhorar na vida do casal.

A felicidade não depende somente dos fatores externos, mas principalmente das condições internas.

A troca de parceiro

Na crise do relacionamento um novo parceiro é a solução?

Diante das crises no relacionamento, é comum as pessoas atribuírem ao outro a total responsabilidade das complicações afetivas do casal. É mais fácil justificar as carências do que admitir as próprias dificuldades. Em vez de empenhar-se em resolver suas pendências afetivas, elas preferem se aventurar numa nova relação. É mais cômodo iniciar outro envolvimento do que melhorar a atual convivência.

Engana-se quem pensa que uma nova parceria vai eximir suas dificuldades emocionais. Não é trocando de parceiro que você vai solucionar definitivamente os conflitos interiores.

No início o novo relacionamento parece ser diferente, mas com o passar do tempo ele se tornará igual. As complicações internas podem se repetir durante o trato diário e você irá deparar com as mesmas condições que deixou para trás.

A tentativa de encontrar a felicidade em outra relação comprova sua incapacidade de se descomplicar afetivamente.

Se você vive cercado de acontecimentos desagradáveis, admita que de alguma forma também contribuiu para que eles surgissem. Não fique cobrando do outro a solução das discórdias. Adote uma postura saudável, faça uma reformulação interior, procure identificar em você as causas das desavenças. O seu empenho em restabelecer a harmonia do convívio demonstra a sua predisposição de se resolver junto ao outro.

Desse modo, você melhora a qualidade da convivência, conseqüentemente conquistará a serenidade interior necessária para manter qualquer relacionamento harmônico.

Não se acovarde diante dos desafios. Encare de frente os obstáculos, pois eles servem como recursos para o desenvolvimento das qualidades afetivas.

As pessoas não seriam tão insatisfeitas e descontentes com seus parceiros se elas propusessem melhorar sua própria maneira de ser e agir.

Não queira fugir à realidade, buscando uma relação ideal. Procure considerar quem estiver do seu lado. Empenhe-se em resolver as dificuldades que você tem perante ele. Não desperdice tempo e energia reclamando e alimentando esperanças infundadas. A felicidade está no presente e não nas aspirações idealizadas de alguém especial para se relacionar.

Traição

A infidelidade conjugal normalmente acontece durante períodos de crises no relacionamento do casal ou por imaturidade emocional de um dos lados. Esse comportamento é fuga da realidade para obter satisfação na ilusão. Os contratempos da relação não são resolvidos por meio de casos amorosos extraconjugais.

Essa ação impede a pessoa de solucionar seus conflitos internos que desencadearam as problemáticas da convivência, bem como restringe a possibilidade de restabelecer a harmonia com o atual parceiro. *É mais fácil fugir para os braços de outro do que encarar suas próprias dificuldades em se relacionar.*

Caso o propósito desse ato seja romper a atual relação, é preferível que o faça antes de estabelecer outro envolvimento.

Geralmente as pessoas não agem assim. Elas se deixam levar pela atração sexual ou pelos impulsos de aventuras extra-conjugais, sem avaliar as conseqüências que isso poderá acarretar em seu lar.

Essa façanha pode ser comparada com a visão de um canteiro de rosas floridas: a beleza das flores fascina; no entanto, lançar-se a elas é deparar com os espinhos das roseiras. Nessa história, alguém sairá ferido.

Não pense que você encontrará nesse caminho uma pessoa em boas condições emocionais. Quem se presta a ter um relacionamento com alguém que não desatou os laços conjugais não tem amor-próprio, é carente e mal-amado. Existem também os aventureiros sexuais; estes não oferecem nenhuma estabilidade afetiva.

Inicialmente a nova experiência proporciona certa liberdade, porém, com o passar do tempo, as complicações começarão a surgir.

Não é buscando fora de casa que você melhora sua condição afetiva. Provavelmente o que você vai encontrar pela frente não compensa o que ficou para trás.

Tudo o que se busca fora pode ser obtido no próprio relacionamento. Para tanto, é necessário ser mais solto e verdadeiro frente ao parceiro, procurar uma forma de satisfazer seus anseios, não conter a ternura. Desse modo, não será preciso buscar a companhia de um estranho para obter isso tudo: você conquistará a paz, harmonia e felicidade na convivência conjugal.

Procure relacionar-se bem com seu atual parceiro antes de "sair" atrás de outro. Ao tentar melhorar sua relação presente, você estará se melhorando também. Isso é fundamental para conquistar uma convivência saudável.

Talvez quando o seu relacionamento se tornar agradável, você nem queira outro. O mais importante nisso tudo é que você se desbloqueou interiormente e desse modo obteve um amadurecimento emocional, estando apto a viver um grande amor.

Quando a relação estiver em crise, não tome decisões precipitadas, procure pensar honestamente sobre a situação. Não atribua toda a responsabilidade ao outro, culpando-o pela sua infelicidade amorosa. Reconheça em si mesmo aquilo que tumultua o convívio.

Resolver os seus pontos falhos promove o desenvolvimento interior, ao passo que lançar-se às aventuras extraconjugais é um paliativo que demonstra imaturidade.

A traição não supera as frustrações, tampouco deveria ser uma forma de auto-afirmação. Inicialmente a sensação é de virilidade, no entanto esse é um gesto que demonstra fragilidade e covardia.

As pessoas que são traídas sentem-se descartadas e diminuídas. Elas não percebem que a sua condição interior é mais consistente do que o emocional daquele que trai. Em vez de sentirem-se inferiorizadas, poderiam apegar-se a sua dignidade que não foi perdida durante a crise do relacionamento.

Algumas pessoas ficam tão revoltadas que optam por se vingar do parceiro. Uma dessas formas é retribuir a traição. Essa postura não leva a nada, irá apenas colocá-las na mesma condição dele. É preferível usar de bom senso e tomar medidas mais resolutivas para a situação.

A atitude a ser tomada cabe exclusivamente a cada um. Ninguém de fora pode avaliar o sentimento da pessoa traída, nem a dinâmica da vida do casal. Esses fatores são primordiais para decidir qual o melhor procedimento.

Uma das coisas que abalam aquele que é traído é a decepção com o parceiro. Essa é provocada pelas expectativas projetadas sobre ele. Procure ser mais realista e não se iluda. Desse modo você irá poupar sofrimento.

Quando existir uma terceira pessoa na vida do casal, é porque a convivência não está boa. Há pontos a serem trabalhados em ambos. Não adianta ficar procurando um culpado, é preciso adotar uma nova dinâmica sexual e afetiva, pois a atual pode estar desgastada pelo tempo ou sufocada pela rotina.

Esse tipo de ocorrência não pode ser tratado com indiferença. Algo necessita ser feito para evitar que venha a acontecer novamente. Isso poderá enfraquecer ainda mais os laços afetivos. Para salvaguardar a relação é indispensável que se faça uma completa renovação interior em cada uma das partes.

As pessoas se preocupam mais com o risco de serem traídas do que em promoverem uma verdadeira união com seu parceiro. Se isso existir, você estará evitando interferências externas na intimidade do casal.

O fim do relacionamento

Quando a relação acaba, o amor continua?

A distância pode separar o casal, mas o sentimento passa a ser um conteúdo na bagagem afetiva do ser. Mesmo após o rompimento não se perde a capacidade de amar.

Costuma-se dizer: "Um dia o relacionamento acaba". Na verdade o que termina é a cumplicidade e não o sentimento. A fonte de amor é inesgotável, ela não finda com a relação. Por maior que seja o envolvimento afetivo estabelecido com alguém, o amor não se resume na relação com uma só pessoa.

Ao longo da vida constituímos vários elos de afetividade com a família, com os amigos e com o parceiro. Todos eles contribuíram para a formação emocional do ser.

Ao término da relação o amor pode ser bloqueado ou deslocado para outras pessoas. Tudo vai depender da maneira como encaramos o rompimento. Se formos dramáticos e pessimistas, reprimimos o sentimento. Se nos apegarmos ao quanto fomos capazes de amar e de nos envolver, continuaremos dando vazão ao fluxo do sentimento. Desse modo, podemos com o tempo estabelecer novos vínculos afetivos.

Para que a experiência afetiva seja construtiva e não traumatizante no seu desfecho, é de suma importância preservar a individualidade de cada um e não se apegar ao outro.

A presença do companheiro naturalmente ajuda a nutrir o sentimento, porém, quando há dependência no relacionamento desenvolvida por um dos lados, o apego acaba por sufocar o puro amor.

Não existe distância para quem verdadeiramente ama. Mesmo na ausência temporária do outro, o sentimento continuará existindo. *Um breve afastamento só poderá esfriar o sentimento daquele que vive em função do outro e não de quem sente o verdadeiro amor.*

Nunca se abandone para ficar com alguém. Não deixe de cuidar de suas atividades, como parar de estudar ou trabalhar para se dedicar exclusivamente ao outro. Não renuncie seus objetivos para viver em função da pessoa amada.

Quem vive apegado transfere as bases de sustentação emocional para o outro e perde o referencial de auto-apoio. Esse procedimento fará com que a pessoa encontre muita dificuldade para retomar sua vida após uma separação.

Já aquele que vive intensamente o sentimento, mas não se anula perante o outro, ficará triste diante de um rompimento, porém não irá se abater só porque não tem o outro do seu lado.

Nem tudo se acaba com o fim de uma relação. Além da experiência que levamos na bagagem afetiva, ainda temos a nós mesmos. Por sermos a fonte do próprio sentimento, o simples fato de continuarmos existindo fará com que as oportunidades se renovem. A solidão não faz morada no coração daquele que tem a si mesmo e não bloqueia a sua capacidade de amar e se relacionar.

Capítulo 7

SEXO

O objetivo maior deste capítulo é mostrar como você se sente e age diante das dificuldades e tabus introjetados ao longo de sua vida. É proporcionar condições internas para que você se solte diante de um momento de prazer, visto que um posicionamento interior define um bom ou um mau desempenho na relação.

Falar sobre sexo nos dias de hoje ainda é um tabu para muitas pessoas. Apesar de esse assunto ser mais divulgado, devido às doenças sexualmente transmissíveis, como a Aids, mesmo assim causa um certo constrangimento. Existe certa resistência para encarar os bloqueios da vida sexual. As pessoas preferem deixar as coisas como estão, com medo de enfrentar suas próprias dificuldades. Julgam saber o básico ou o suficiente e tentam fugir do assunto ou, ainda, sentem-se na obrigação de dizerem que está tudo bem na sua sexualidade, para preservarem a imagem familiar e social.

A problemática sexual é muito comum entre as pessoas. Ela vai muito além da relação íntima. Os obstáculos nessa área geram uma série de complicações na vida emocional, social e até financeira.

O sexo sempre foi tratado como um tema proibido entre os familiares e encarado de forma degradante e imoral pela sociedade, que simplesmente ignorava a intimidade sexual de cada pessoa. A partir de Freud houve uma revolução sobre esse assunto, pois ele trouxe uma nova visão sobre os instintos sexuais. Foi muito criticado em sua época, porém, a partir do seu trabalho, outros estudiosos sobre o comportamento humano continuaram essas pesquisas.

Hoje existe a sexologia, que estuda os problemas referentes a essa área. Mas todos esses trabalhos e descobertas são passados para as pessoas de maneira formal e muito distante da realidade, demonstrando "sutilmente" que ainda é um assunto proibido.

Sensualidade e sexualidade

Inicialmente, vamos compreender um pouco o que é um instinto sexual. Para muitos, esse instinto está relacionado somente ao ato sexual propriamente dito, porém ele é uma energia que se manifesta de diversas formas. Em algumas culturas, é conhecido como energia vital.

É uma força motriz que nos excita e impulsiona ao prazer. O sexo não é o único objetivo dessa energia. Ela mobiliza outras áreas da vida. Tudo aquilo que de certa forma nos dá prazer na vida é fruto do instinto sexual, como passear, ir a uma festa, trabalhar, estar com os amigos, com a família etc.

Nesse caso ele poderá ser chamado de sensualidade. A sensualidade é a movimentação das virtudes: a manifestação da ternura, carinho e afetividade. *Tudo o que se faz com prazer é sensual.* Uma pessoa sensual tem essa força de atração por todo o seu corpo, que é expressa na forma de andar, dançar, falar, cantar etc. Enfim, tudo o que é feito com prazer é atraente e satisfatório para quem faz.

Por outro lado, a sexualidade refere-se à vida sexual. Nela, esse instinto é responsável pelo prazer físico e emocional que é atingido por meio do ato sexual. O sexo promove um envolvimento mais íntimo, que leva ao orgasmo. Esse é o ponto máximo do prazer físico.

* * *

A sensualidade e a sexualidade representam níveis específicos de manifestações da energia vital ou sexual. Apesar de serem alimentadas pela mesma energia, são áreas distintas de expressões dessa força. Uma não supre a outra, porém qualquer bloqueio em uma delas afeta a outra.

Assim, uma pessoa que reprime a sensualidade, deixando de ter prazer naquilo que faz, contém a ternura e docilidade, tornando-se fria ou austera. Conseqüentemente passa a ter bloqueios de ordem sexual. Uma pessoa com dificuldades sexuais reprime a movimentação da ternura e perde o prazer de se relacionar e atuar na vida.

No entanto, é comum as pessoas buscarem suprir suas lacunas, supercompensando-se de alguma forma, para satisfazerem aquilo que está mal resolvido nelas.

Assim, quem é bloqueado na sexualidade pode se entregar ao trabalho ou dedicar-se excessivamente à família, procurando obter uma intensa satisfação nessas áreas, para preencher as lacunas da sua vida sexual. Se o bloqueio for na sensualidade, passa a viver em função do sexo. Nesse caso, tudo na vida passa a girar em torno do sexo. Daí surge a perversão, a depravação e a promiscuidade. Uma pessoa promíscua é frustrada no trabalho, nas relações sociais, restando-lhe apenas o sexo como sua única forma de satisfação.

A realização pessoal na vida é obtida quando houver a satisfação do prazer sensual e sexual. Qualquer bloqueio em uma dessas áreas promove os desvios de personalidade que causam as frustrações.

Masturbação

Para termos uma satisfação plena na sexualidade, é necessário conhecermos as sensações do próprio corpo, ou seja, percebermos em que partes dele sentimos prazer, pois a sexualidade não se resume às áreas genitais, mas sim a todo corpo.

Nesse ponto deparamos com um grande problema social, a masturbação. Ela é abordada com ares de deboche e de forma pecaminosa e imoral.

Isso acontece porque o assunto é prazer sexual. Ninguém julga imoral uma pessoa ficar admirando e explorando com as mãos um objeto de arte, por exemplo. Nesse momento ela está sentindo prazer, que não deixa de ser uma forma indireta e sutil de masturbação.

O preconceito só existe na relação dela com seu próprio corpo. Esse não pode ser tocado nem acariciado pela própria pessoa, o que se torna motivo de espanto. Quando adultos fraglam uma criança descobrindo as sensações do seu corpo, freqüentemente reprimem e punem a criança por esse gesto. Os tabus não estão somente no ato sexual, mas também na manifestação da sexualidade no próprio corpo, no reconhecimento das formas físicas, no ato de se tocar e explorar as sensações.

Na fase infantil, a masturbação nada mais é do que a descoberta do próprio corpo. A criança sente prazer e muitas vezes segurança quando se toca ou é tocada. Ela não tem desejo pelo ato sexual, como os adultos geralmente interpretam, mas sim pela exploração das sensações e pelo prazer do contato. Quando a criança passa por essa etapa da vida, sem as repressões e castrações que normalmente ocorrem, ela tem um bom desenvolvimento para uma vida sexual sadia.

Por outro lado, se for severamente punida quando flagrada praticando a masturbação, isso fará com que ela se feche e reprima suas aspirações de prazer. Em alguns casos, a criança pode desenvolver um mecanismo que se manifesta em forma de culpa. Assim, todas as vezes que termina de se masturbar, fica toda desconcertada, sentindo-se culpada.

Esse mecanismo pode refletir em outras áreas da vida, desenvolvendo uma crença de prazer e culpa e fazendo com que todas as vezes que sentir algum tipo de prazer, acione o mecanismo de punição. Desse modo, quando lhe acontece algo de bom na vida, tem sempre algo ruim acontecendo logo após.

A experiência em consultório, onde são levantadas as queixas sexuais, aponta sempre para a fase da infância. Esse período é fundamental para a formação de uma personalidade saudável. Os bloqueios instalados nessa fase repercutem na vida adulta. Por isso, quando se consegue desbloquear essas castrações, a pessoa passa a ter significativo desempenho na sua vida sexual.

* * *

Estudiosos do assunto concluíram que um grande número de meninos experimentam sua primeira ejaculação entre os onze e quinze anos, mais comumente como resultado de masturbação. Alguns até se entregam compulsivamente a essa prática, enquanto a maior parte das meninas só experimenta o orgasmo na vida adulta.

Assim podemos comparar os diferentes comportamentos: os meninos, geralmente satisfeitos pela prática da masturbação, possuem assuntos variados, como futebol, carros etc.; já as meninas, com seus impulsos sexuais contidos, alimentam uma série de fantasias, que faz com que o assunto principal entre elas gire em torno dos garotos.

Quando a pessoa inicia sua vida sexual, existem fases onde as atividades são reduzidas. Nesses momentos a masturbação se torna uma via de satisfação provisória das necessidades fisiológicas. Ainda que não seja uma troca de energias como ocorre numa relação a dois, evita que o acúmulo provoque algum tipo de desconforto.

Masturbação, além de liberar as energias acumuladas, ajuda a preservar a saúde física e mental. A prática moderada da atividade masturbatória promove o desbloqueio das emoções sensuais e sexuais, possibilitando a expressão da ternura e do prazer. Geralmente aquele que não explora seu corpo para reconhecer as zonas erógenas tem dificuldade de se entregar às carícias do parceiro. Esse acanhamento poderá comprometer a excitação necessária para a satisfação sexual. *Não ter vergonha de se tocar é estar pronto para se soltar e entregar-se ao prazer.*

* * *

Uma pessoa bem resolvida na sua sexualidade tem uma boa auto-estima, se autogerencia e é realizada. Ela não é passiva em relação a qualquer tipo de domínio.

Houve uma época na sociedade que isso representava uma grande ameaça para a casta dominadora, como no regime feudal, ou para as religiões que se implantavam entre os povos antigos. Quem detinha o poder procurava de alguma forma instalar crenças e valores na população, objetivando as repressões sexuais, para tornarem as pessoas vulneráveis e dependentes do seu domínio.

Um povo que tem a sua sexualidade bem resolvida é auto-suficiente, sabe o que quer e como direcionar seus objetivos. Essa conduta colocaria em risco a autoridade dos poderosos. Para reprimir esse comportamento, surgiram muitas crenças, dentre elas que uma pessoa que se satisfaz sexualmente é pecadora e será punida por Deus.

Essas crenças foram tão arraigadas na humanidade que ainda repercutem nos dias de hoje, tanto nas religiões como nas instituições sociais. Quem mais foi, e ainda é, afetada com isso é a mulher, que traz na sua trajetória a frustração e a submissão.

Esses valores interferem principalmente na origem da descoberta dos impulsos sexuais, a masturbação. A mulher é mais bloqueada nesse aspecto do que o homem. Enquanto para a mulher isso é proibido, feio e pecaminoso, para o homem existe certo incentivo por parte dos colegas e até mesmo dos pais.

* * *

Apesar dos pontos positivos assinalados em relação à masturbação, *ela passa a ser um problema:*

1º) quando for compulsiva e praticada com muita freqüência. Nesse caso, a pessoa desenvolve vícios que a restringem de abrir-se para descobrir novas sensações, durante a experiência sexual com seu parceiro, sendo levada a repetir o ritmo dos movimentos e os hábitos praticados durante sua masturbação.

2º) quando a pessoa busca um prazer que não consegue alcançar durante a relação com seu parceiro. Isso implica criar hábitos próprios que dificultam ainda mais sua capacidade de obter o prazer a dois, além de evitar seu empenho na entrega e soltura necessária para o prazer na relação.

A pessoa que tem dificuldade para se liberar sexualmente, geralmente após uma relação, recorre à pratica da masturbação para conseguir completar o prazer que não alcançou com seu parceiro. Com isso, ela agrava ainda mais seus bloqueios, desencadeando um mecanismo de fuga e isolamento.

Quem tem um parceiro com o qual mantém um relacionamento sexual com regularidade, e mesmo assim continua praticando a masturbação com freqüência, demonstra existirem bloqueios na sua sexualidade. Isso acontece porque, quando está se relacionando com ele, não consegue se entregar o suficiente para satisfazer o seu prazer, precisando da masturbação para completar aquilo que não atingiu durante a relação.

3º) quando a masturbação se torna uma forma de autoafirmação. Isso pode ocorrer quando a pessoa não sente prazer na relação e recorre à prática masturbatória para se satisfazer sexualmente.

Nesses casos, durante a masturbação, a pessoa não tem nenhuma idéia definida de relação, nem tampouco a visualização de uma penetração imaginária. É uma prática com *flashes* rápidos de lembranças ou imagens, sem se concentrar especificamente em nada.

Orgasmo

Na esfera da sexualidade o ser humano atinge o êxtase, que representa a satisfação máxima dos impulsos ao prazer. Ele vem em forma de orgasmo. O orgasmo sintetiza um estado alterado de consciência que a mente não controla. Ele não se mantém no tempo, finda-se momentos após a relação, exigindo que se pratique mais vezes o ato sexual para se experimentar novamente esse intenso estímulo sensorial.

Durante o êxtase, o estado normal de consciência é ultrapassado qualitativamente pelo orgasmo. Nele ocorre um completo desprendimento dos conceitos e valores arraigados na mente. Desse modo a pessoa experimenta uma rápida sensação de felicidade.

Por isso, a satisfação sexual é um caminho para ser feliz. O prazer e a felicidade dependem das condições internas e não de fatores externos. É mais importante desembaraçar-se perante o parceiro do que apegar-se à maneira como se é tratado por ele. Não adianta ele tratá-lo bem se você não estiver descontraído.

A intensidade do orgasmo varia de acordo com a sua capacidade de entregar-se ao momento de prazer. Quanto mais desinibido, mais forte será a sensação orgástica.

A qualidade da relação não é medida de acordo com o tempo que ela durar, mas sim pelo desempenho de ambas as partes. Às vezes uma relação pode ser breve porém com intenso prazer. Por outro lado, se o casal habituar-se a rápidas relações, o envolvimento não será satisfatório e com o tempo poderá cair na rotina.

Repressão sexual

A repressão sexual é uma das maiores problemáticas vivenciadas pelo ser humano. Ela pode ser considerada como um conjunto de normas, valores e regras que controlam os impulsos sexuais do indivíduo dentro da sociedade.

Os elementos repressores são registrados pelo consciente por meio de impressões geradas por aquilo que se vê e se ouve durante a fase de desenvolvimento. Frases como "não mexa nisso, não se misture com os meninos, não tome iniciativas, obedeça" etc., fazem com que a pessoa se omita e acabe agindo como robô, que obedece ao controle. A interiorização dos elementos repressores exerce um domínio interior que impede a pessoa de fazer aquilo de que gosta e tem vontade.

Os conteúdos repressores nem sempre condizem com os ditames da alma. Fomos educados para agir de uma determinada maneira, mas não estamos procedendo de acordo com aquilo que nossa essência pede. Nós ocidentais somos treinados para escutar os pensamentos e não sentir nossas sensações.

Como os registros mentais julgam que o sexo é pecado, ao praticá-lo nos sentimos culpados. A culpa aciona os mecanismos de autopunição, conseqüentemente afasta de nós todas as oportunidades de obter prazer na vida.

Apesar de ter havido a liberação sexual no mundo de hoje, muitas pessoas ainda se reprimem. Isso ocorre por causa dos conselhos recebidos na adolescência por parte dos familiares, bem como pela orientação dos amigos.

Dentre as informações que as mulheres receberam acerca da intimidade sexual, uma delas é que não se deve tomar iniciativas, nem se submeter a certas posições sexuais. Os comentários a esse respeito geralmente são de que a mulher que se sujeita a isso é vulgar.

Comentários dessa ordem permanecem registrados no subconsciente, impedindo-a de se soltar para experimentar as diversas formas de prazer. Esses bloqueios se manifestam em forma de medo de que o parceiro a interprete mal em relação a sua conduta sexual.

Os homens, por sua vez, costumam adotar uma postura machista. Geralmente eles inibem a manifestação de carinho durante a atividade sexual. Não se permitem explorar as sensações de prazer, preferem praticar um ato mecânico, isento de maiores sensações. Acomodam-se às posições habituais e dificilmente inovam.

Para alguns deles, ser carinhoso durante a relação sexual poderá comprometer sua masculinidade. Normalmente eles são preparados para se comportarem como "garanhões" inibindo a ternura e docilidade. Esses conceitos dificultam o fluxo natural do prazer.

Isso tudo provoca certo medo de manifestarem o sentimento e serem mal interpretados ou tonarem-se submissos à parceira. Não admitem demonstrar fraqueza, tampouco perder o controle da situação. Com esse procedimento, sua companheira é tratada com indiferença, e o relacionamento torna-se superficial.

A repressão sexual pode surgir tanto no homem quanto na mulher, durante o transcorrer da convivência do casal. Se nenhuma das partes se propuser a mudar a rotina, a vida se tornará monótona e sem grandes atrativos. Esse comportamento, além de diminuir a intensidade do prazer, provoca a insatisfação e desgasta a relação.

* * *

As pessoas que não exploram devidamente o próprio corpo ou não possuem uma boa auto-aceitação dele, reprimem-se durante o ato sexual. Isso também se manifesta em forma de constrangimento em despir-se perante o parceiro ou em se relacionarem com a luz acesa. Elas gostam de praticar o sexo no escuro porque isso evita de serem observadas pelo parceiro. A ausência de luz as faz sentirem-se protegidas e desembaraçadas.

O excesso de pudor também é causa de repressão sexual. Uma pessoa conservadora e cheia de preconceitos não terá a soltura necessária para uma intensa satisfação sexual. Ela acredita que o prazer deve ser moderado e que a finalidade maior do sexo é a reprodução e não a satisfação pessoal. O pudor é então um dos principais conteúdos desencadeadores das culpas sexuais.

Um outro fator repressivo é o medo da gravidez. Quando o casal não planeja ter filhos e não utiliza nenhum método contraceptivo, a relação será sempre acompanhada de certa tensão e medo, que bloqueiam o prazer. Isso afeta principalmente a experiência sexual dos jovens que, mesmo não compartilhando de uma vida conjugal, praticam o sexo.

Para livrar-se das repressões sexuais é necessário assumir a sexualidade, aceitar as características de seu corpo, dar-se o direito de sentir prazer, desprender-se dos conceitos impregnados em sua mente que distorcem a verdadeira manifestação do prazer.

A sexualidade é uma expressão natural do ser, não existem regras para praticá-la. Basta dar vazão aos impulsos para que o ato sexual seja satisfatório e prazeroso.

* * *

Quem persistir em manter-se reprimido irá permanecer frustrado. Nessas condições a pessoa não assume seus bloqueios, projetando no parceiro toda a sua insatisfação. Ela vive se queixando e dizendo que o seu companheiro não é capaz de satisfazê-la sexualmente, quando, na verdade, o problema não está somente no outro, mas também em si mesma.

Enquanto ficam reclamando, não conseguem enxergar os seus pontos falhos, que precisam ser resolvidos, para retomar a harmonia no relacionamento.

Cabe lembrar aqui que a vida e as pessoas o tratam exatamente como você se trata. Por isso, tudo aquilo que solicita do outro não existe para consigo mesmo.

Se o parceiro não estiver sendo carinhoso, é que você não está se respeitando, falta-lhe mais amor-próprio. Caso ele não tenha consideração pelas suas vontades, é que você não se considera a si mesmo, espera que o outro reconheça um valor que nem você é capaz de se dar.

Uma queixa sexual muito freqüente, principalmente por parte das mulheres, é que o parceiro não a espera para sentirem o prazer juntos. Caso isso esteja acontecendo, certamente sua participação durante o ato sexual tem sido muito passiva; em vez de atuar, fica esperando que ele tome todas as iniciativas. Para reverter isso, assuma o momento a dois e participe: seu desempenho é fundamental para obter o prazer.

Não existe parceiro ruim. Quando a relação não estiver boa, é porque você não se libera suficientemente para o relacionamento. Não adianta trocar de parceiro e continuar com bloqueios sexuais. Os problemas irão surgir novamente, pois eles não estão no outro, mas em você mesmo.

Quem tem necessidade de se relacionar sexualmente com várias pessoas não se encontrou interiormente. Não adianta procurar se preencher nos outros, quando são os seus próprios bloqueios que impedem sua realização. Agindo assim, estará aumentando ainda mais o seu vazio interior, perdendo a dignidade e faltando com o respeito próprio.

Rejeição

Muitas dificuldades da sexualidade estão relacionadas com o sentimento de rejeição.

A rejeição é a não aceitação de si mesmo. Você procura se espelhar nas pessoas, seguir os modelos, comparar seu corpo com o dos outros e, quando suas preferências ou seu corpo fugirem desses padrões, você se sente inadequado. *A inadequação pessoal é uma forma de rejeição.*

Ser bem resolvido na vida sexual é preservar sua natureza íntima, é aceitar toda a manifestação espontânea de prazer. Alguém que tem essa condição interna não se sente constrangido em momento algum, não se sufoca pelo orgulho, não rejeita as carícias e encara o prazer de forma pura e natural.

Abandone os preconceitos, os costumes, a moral dos outros. Seja original e espontâneo. Pare de justificar ao mundo e sufocar a sua natureza íntima. Aceite suas condições físicas e emocionais, encare as dificuldades sem fazer drama . Dê mais importância àquilo que lhe faz bem. Não fique preocupado com o que os outros vão pensar de você. Afinal *cada um vive com o que pensa de si e não com aquilo que os outros pensam a seu respeito.*

Desse modo você desenvolverá a auto-aceitação e se livrará da rejeição. Quem se aceita é original e espontâneo, não se constrange na presença dos outros. Adquire a liberdade de expressão, consegue se comunicar bem e manter um bom nível de relacionamento social e afetivo.

Expectativa

Outra condição propensa a desencadear as frustrações sexuais é a expectativa projetada no parceiro.

A pessoa imagina toda uma situação acerca de uma relação íntima, esperando que seu companheiro proceda de acordo com aquilo que idealizou. Como nada disso acontece, pois essas fantasias só existem na sua cabeça, fica decepcionada com o desempenho do parceiro. A decepção é tanta que não consegue refazer-se durante o ato sexual, perdendo a oportunidade de sentir o prazer.

Uma das maiores e mais populares expectativas é a noite de núpcias. A mulher cria muitas fantasias para a sua primeira noite de casada, como ser carregada ao entrar no quarto, ser tratada como uma princesa desfrutando as delícias do prazer a dois etc. Quando depara com uma realidade bem diferente da imaginada, acaba por se decepcionar com o parceiro. Essa decepção poderá estender-se para a convivência, interferindo na satisfação sexual do casal.

Tanto o homem como a mulher criam expectativas. No entanto, as mulheres costumam florear mais que os homens. Talvez seja por isso que elas compõem a maioria entre as pessoas sexualmente frustradas.

Ansiedade

Todo e qualquer tipo de ansiedade reduz significativamente a percepção das sensações agradáveis do corpo, comprometendo a excitação e podendo até ocasionar a impotência parcial.

Uma das situações que mais provocam a ansiedade no ato sexual é usar a interrupção da ejaculação como método contraceptivo. O medo de uma gravidez indesejada causa sérios danos à sexualidade. A preocupação em não ejacular durante a penetração, principalmente quando não se quer estabelecer vínculos ou compromissos com a parceira, pode até provocar impotência.

Uma pessoa ansiosa é impaciente, inquieta e está sempre preocupada com o desfecho das situações. Não consegue ter uma boa relação sexual. Na hora fica pensando no trabalho, no que precisa fazer depois e assim por diante.

A pessoa ansiosa é impaciente, não se entrega plenamente ao momento de prazer. Não se dedica às carícias, nem aprecia os toques que despertam a excitação, quer logo atingir a concretização do ato. Seu desempenho sexual é rápido, comprometendo a qualidade da relação.

Amor e sexo

O amor não se resume ao prazer sexual. O sexo é uma satisfação provisória, enquanto o amor é um sentimento estável e permanente. Ele não apresenta variações como o sexo, que atinge seu ponto máximo com o orgasmo, seguido de uma amortização dos impulsos.

O amor é um estado elevado da consciência, que proporciona uma realização plena; ele não está fadado apenas ao momento de prazer.

O sexo tem uma função própria, ele independe do sentimento. Os estímulos sexuais são acionados pela mente. Desse modo, mesmo sem nenhum sentimento, surge a atração e conseqüentemente a relação sexual.

A mente cria fantasias que correspondem aos desejos, promovendo a excitação. Essa excitação gera intensas sensações que são percebidas em formas de emoções. As emoções são tão fortes que muitas vezes se confundem com um sentimento profundo, levando a pessoa a acreditar que está amando, quando, na verdade, está vivendo uma tórrida paixão, mobilizada pela atração sexual.

Uma relação sem amor proporciona apenas satisfação. Ainda que ela seja intensa, não é uma realização. A realização é algo mais consistente e duradouro. Para uma pessoa ser realizada, é necessário sentir prazer com amor, ou seja, realizar seus desejos com sentimento.

Ser feliz e realizado é o objetivo de todos. Uma das coisas que mais impedem essa busca é o bloqueio do sentimento no prazer. Apesar de parecer estranha essa colocação, isso é muito comum entre as pessoas.

Na vida prática não é fácil associar amor e sexo, porque tivemos uma formação cultural em que esses dois aspectos nos foram passados de forma bem distinta. De um lado o amor, como um sentimento puro e sublime, como o amor materno e o amor divino. De outro lado o sexo, tido como algo inferior, impuro, degradante, pecaminoso etc. Esses conceitos incutidos na mente criam bloqueios no relacionamento com a pessoa amada.

Tais conflitos impedem a realização na vida afetiva e causam a frustração. Algumas pessoas passam a vida toda sem se resolver interiormente. Conseqüentemente não são realizadas. Outras vão buscar o prazer numa relação extraconjugal, com prostitutas ou com um amante. Ir para a cama com alguém que não ama ou movido por uma tórrida paixão proporciona-lhe mais prazer do que a relação com a pessoa amada.

Isso responde a uma pergunta feita com muita dor pela pessoa traída: *"Como ele pode me amar indo para a cama com outra?*; ou *"Como ele pode ir para a cama com outra se me ama"*? Na verdade, esse é um grande problema que ele tem na vida afetiva: ele ainda não se encontrou. Permanece preso aos conflitos e bloqueios de ordem sexual.

Não pense que amando alguém e tendo prazer com outra pessoa você estará solucionando seu conflito interior. Esse procedimento agrava ainda mais sua dificuldade de unir amor e prazer. Além do mais, o que se obtém fora é apenas uma satisfação provisória que precisa ser repetida mais vezes. Mesmo assim não vai resolver o seu problema. Ao contrário, pode comprometer a relação com a pessoa amada, o que é um prejuízo ainda maior para a sua vida afetiva.

Quem depende de uma relação extraconjugal para satisfazer-se sexualmente não se desprende dos papéis que assumiu na relação conjugal.

Não é fugindo para uma outra relação que se vai solucionar a sua problemática. Não pense que você vai conseguir conviver em harmonia com alguém que hoje lhe dá somente prazer. Sem amor, uma relação não dura.

A solução está no interno e não no externo. Não encare o sexo como algo impuro e pecaminoso, mas sim como um momento especial da relação, que lhe possibilita abrir seu coração e manifestar seu amor, por meio dos carinhos com a pessoa amada. Comece a "curtir" mais o envolvimento íntimo com quem você ama, procure não fazê-lo de forma automática e fria, abra seu coração durante a relação e descubra novas sensações ao acariciar o seu amor. À medida que você vai encarando seu relacionamento íntimo como algo natural, bonito e puro, esse conflito entre amor e sexo vai deixando de existir.

Outra situação que provoca esse tipo de bloqueio ocorre quando a pessoa tem grande estima por alguém, mas não tem nenhum interesse sexual e é induzida a praticar o sexo, sem estar pronta ou com vontade. Nesse momento extremamente constrangedor, são instalados os bloqueios na interação entre o sentimento e o prazer.

A experiência mais dramática acontece na infância ou na adolescência. A criança é seduzida pelo irmão, às vezes pelo próprio pai ou padrasto ou mesmo por algum amigo da família que freqüenta a casa. Infelizmente ainda existem ocorrências dessa ordem em nossa sociedade. Embora camuflado, são vários casos de violência sexual praticada principalmente com as meninas. Isso causa uma revolta muito grande, provocando seqüelas para a vida afetiva e sexual que dificilmente são superadas.

O bloqueio se instala porque a criança mantinha uma relação de pura afetividade com a pessoa que a seduziu. Quando se vê obrigada a praticar sexo, o desconforto é tão grande que ela bloqueia o seu sentimento, como mecanismo de defesa, para não sofrer ainda mais.

A maioria delas fica tão revoltada que desenvolve na vida adulta uma espécie de vingança gratuita para com quem se envolve sexualmente com ela. Geralmente as pessoas que tiveram traumas como esse na infância procuram prejudicar o parceiro sexual. Ao fazerem isso, é como se estivessem se vingando de quem as molestou no passado.

Outras no entanto só praticam sexo com quem não mantêm nenhum envolvimento afetivo. As pessoas que agem assim se vulgarizam e, às vezes, até se prostituem. Para elas, é melhor fazer sexo pelo dinheiro do que por amor. Existem, até mesmo, vários casos de prostitutas que sofreram violência sexual quando crianças dentro da própria casa, normalmente com a figura paterna.

Os bloqueios que desassociam o amor do sexo poderão se manifestar de duas maneiras: obstruindo o sentimento ou reprimindo os impulsos sexuais. Cada pessoa que vivenciou uma experiência constrangedora ou traumática e não se trabalhou interiormente para superá-la poderá apresentar problemas em uma dessas áreas da vida.

Quando o bloqueio atingir a sexualidade, à medida que se ama alguém esse bloqueio reduz significativamente o interesse sexual por aquela pessoa. Por outro lado, aquele que apresentar esse bloqueio na afetividade, como é comum em quem foi violentado por um ente querido, se estiver gostando de alguém, a partir do momento que começar a se relacionar sexualmente com essa pessoa, o sentimento será bloqueado.

Dependendo do grau da revolta que guarda no peito, poderá simplesmente deixar de gostar ou passar a sentir ódio e desejo de vingança sobre parceiro.

* * *

Existem outros conflitos dessa mesma ordem, porém em menor intensidade e causados por situações mais simples que as apresentadas acima. São casos mais freqüentes entre as pessoas, que se manifestam das seguintes formas:

1) Sentir-se mal quando tiver uma relação íntima no começo do namoro. Quando acontece isso com freqüência, normalmente na adolescência, a pessoa foi obrigada a ter uma relação sexual pelo namorado, sob a ameaça de rompimento do namoro.

Por medo de perdê-lo, mesmo estando despreparada emocionalmente para aquela experiência, cedeu e se decepcionou. Isso gerou tão forte impressão que mesmo nos dias de hoje, ao iniciar um relacionamento, não consegue se posicionar como pessoa adulta para decidir por si. Deixa-se levar pelo padrão do passado e, conseqüentemente, é afetada pela sensação desagradável.

2) Ele quer e você não. Isso acontece com freqüência na sua relação? Você se sente incomodada na maioria das vezes que é solicitada pelo seu companheiro para o sexo? Vive inventando desculpas para não ter relação com ele?

Isso é comum entre as mulheres. Elas chegam a esse ponto por terem se submetido a praticar o sexo com o marido sem ter vontade, somente para satisfazê-lo. Isso pode acontecer com aquelas mulheres que se anulam na intimidade e sentem-se na obrigação de satisfazer sexualmente seu cônjuge todas as vezes que ele tiver vontade. Essa postura feminina causa bloqueios na sexualidade, interferindo na relação e inibindo os impulsos para o ato sexual.

O que fazer, então, quando ele quer e você não?

Procure sentir se você realmente não tem vontade ou se a sua indisposição é provocada por algum tipo de bloqueio ou resistência. Para isso, permita-se ser tocada. Quem sabe você se excite. Dê uma chance ao prazer. Pode ser que aquele seja um momento de grande satisfação para ambos. Mas faça isso por opção, não por obrigação. Depois disso tudo, caso você perceba que, mesmo estando solta e disposta a tentar, não consegue se excitar, lembre-se: você não é obrigada a manter relação todas as vezes que ele quiser.

Agindo assim, você estará se empenhando para se desbloquear sexualmente, o que será muito bom para a sua realização afetiva. Adote uma postura no relacionamento: não se anule, nem se torne um objeto sexual para ele. Se você estiver se sentido assim, não foi ele que lhe fez isso, mas sim você mesma, por não se assumir perante ele; ficou se anulando, fazendo todas as vontades dele e desprezando completamente as suas.

Quem sufoca o que sente pelos bloqueios sexuais relaciona-se só para satisfazer o parceiro. Da mesma forma que você criou isso para a sua vida afetiva, também tem condições de reverter esse quadro. Comece agora mesmo a se resolver e a se desbloquear para atingir sua realização afetiva e sexual.

* * *

O sexo é um grande estímulo para ampliar a capacidade de amar. Ele nos impulsiona aos relacionamentos em que o amor amplia sua intensidade de manifestação na vida. Por outro lado, quando estiver contaminado de preconceitos, inibições e outros, poderá tornar-se um bloqueio interferindo na expressão do sentimento.

O amor supera muitas barreiras. No entanto a repressão sexual é tão arraigada na personalidade que dificilmente é superada por ele, podendo até sufocá-lo. Por isso, é imprescindível resolver-se sexualmente para que a relação seja saudável e completa.

Não basta abrir seu coração para amar. É necessário ter a sexualidade bem resolvida, para o sucesso da relação.

A satisfação sexual e a realização afetiva são fatores de fundamental importância para a edificação de uma personalidade sadia. Uma pessoa bem resolvida nesses aspectos tem boa criatividade para os negócios, vive motivada e disposta, é próspera, otimista e tem tudo para ser uma vencedora na vida.

BIBLIOGRAFIA

KOLB, Lawrence C. *Psiquiatria Clínica*. 9ª ed. Rio de Janeiro, Interamericana, 1977.

FADIMAN, James. *Teorias da Personalidade*. São Paulo, Harbra, 1979.

SMITH, Henry C. *Desenvolvimento da Personalidade*. São Paulo, McGraw Hill, 1977.

KRECH, David. *Elementos de Psicologia*. V2. São Paulo, Pioneira, 1980.

GRECCO, Eduardo H. *Terapias Florales y Psicopatologia*. Buenos Aires/Argentina, Ediciones Continente, 1993.

REICH, Wilhelm. *A Função do Orgasmo*. 2ª ed. São Paulo, Brasiliense, 1976.

ESTEVAM, Carlos. *Freud – Vida e Obra*. Rio de Janeiro, José Alvaro, 1965.

CHAUÍ, Marilena. *Repressão Sexual*. 10ª ed. São Paulo, Brasiliense, 1987.

ROGERS, Carl. *Novas Formas do Amor*. 3ª ed. Rio de Janeiro, José Olympio, 1976.

GALLATIN, Judith. *Adolescência e Individualidade*. São Paulo, Harbra, 1978.

Sucessos de ZIBIA GASPARETTO

Crônicas e romances mediúnicos.
Mais de cinco milhões de exemplares vendidos.
Há mais de dez anos Zibia Gasparetto vem se mantendo na lista dos mais vendidos, sendo reconhecida como uma das autoras nacionais que mais vende livros.

- Crônicas: Silveira Sampaio
PARE DE SOFRER
O MUNDO EM QUE EU VIVO
BATE-PAPO COM O ALÉM
- Crônicas: Zibia Gasparetto
CONVERSANDO CONTIGO!

- Autores diversos
PEDAÇOS DO COTIDIANO
VOLTAS QUE A VIDA DÁ

- Romances: Lucius
O AMOR VENCEU
O AMOR VENCEU *(em edição ilustrada)*
O MORRO DAS ILUSÕES
ENTRE O AMOR E A GUERRA
O MATUTO
O FIO DO DESTINO
LAÇOS ETERNOS
ESPINHOS DO TEMPO
ESMERALDA
QUANDO A VIDA ESCOLHE
SOMOS TODOS INOCENTES
PELAS PORTAS DO CORAÇÃO
A VERDADE DE CADA UM
SEM MEDO DE VIVER
O ADVOGADO DE DEUS
QUANDO CHEGA A HORA
NINGUÉM É DE NINGUÉM
QUANDO É PRECISO VOLTAR

Sucessos de LUIZ ANTONIO GASPARETTO

Estes livros irão mudar sua vida!
Dentro de uma visão espiritualista moderna, estes livros irão ensiná-lo a produzir um padrão de vida superior ao que você tem, atraindo prosperidade, paz interior e aprendendo acima de tudo como é fácil ser feliz.

ATITUDE
SE LIGUE EM VOCÊ *(adulto)*
SE LIGUE EM VOCÊ - nº 1, 2 e 3 *(infantil)*
A VAIDADE DA LOLITA *(infantil)*
ESSENCIAL *(livro de bolso com frases para auto-ajuda)*
FAÇA DAR CERTO
GASPARETTO *(biografia mediúnica)*
CALUNGA - "Um dedinho de prosa"
CALUNGA - Tudo pelo melhor
CALUNGA - Fique com a luz...
PROSPERIDADE PROFISSIONAL
CONSERTO PARA UMA ALMA SÓ *(poesias metafísicas)*
PARA VIVER SEM SOFRER

série CONVERSANDO COM VOCÊ *(Kit contendo livro e fita k7)*:
1- Higiene Mental
2- Pensamentos Negativos
3- Ser Feliz
4- Liberdade e Poder

série AMPLITUDE:
1- Você está onde se põe
2- Você é seu carro
3- A vida lhe trata como você se trata
4- A coragem de se ver

INTROSPECTUS *(Jogo de cartas para auto-ajuda)*:
Modigliani criou através de Gasparetto, 25 cartas mágicas com mensagens para você se encontrar, recados de dentro, que a cabeça não ousa revelar.

OUTROS AUTORES

Conheça nossos lançamentos que oferecem a você as chaves para abrir as portas do sucesso, em todas as fases de sua vida.

LOUSANNE DE LUCCA:
- ALFABETIZAÇÃO AFETIVA

MARIA APARECIDA MARTINS:
- PRIMEIRA LIÇÃO - "Uma cartilha metafísica"
- CONEXÃO - "Uma nova visão da mediunidade"

VALCAPELLI:
- AMOR SEM CRISE

VALCAPELLI e GASPARETTO:
- METAFÍSICA DA SAÚDE:
vol.1 (sistemas respiratório e digestivo)
vol.2 (sistemas circulatório, urinário e reprodutor)

ELISA MASSELLI:
- QUANDO O PASSADO NÃO PASSA
- NADA FICA SEM RESPOSTA
- DEUS ESTAVA COM ELE
- É PRECISO ALGO MAIS

RICKY MEDEIROS:
- A PASSAGEM
- QUANDO ELE VOLTAR
- PELO AMOR OU PELA DOR...

MARCELO CEZAR (ditado por Marco Aurélio):
- A VIDA SEMPRE VENCE
- SÓ DEUS SABE

MÔNICA DE CASTRO (ditado por Leonel):
- UMA HISTÓRIA DE ONTEM
- SENTINDO NA PRÓPRIA PELE

MECO SIMÕES G. FILHO:
- EURICO um urso de sorte (infantil)

LUIZ ANTONIO GASPARETTO

Fitas K7 gravadas em estúdio, especialmente para você!
Uma série de dicas para a sua felicidade.

• PROSPERIDADE:
Aprenda a usar as leis da prosperidade.
Desenvolva o pensamento positivo corretamente.
Descubra como obter o sucesso que é seu por
direito divino, em todos os aspectos de sua vida.

• TUDO ESTÁ CERTO!
Humor, música e conhecimento em busca do
sentido da vida.
Alegria, descontração e poesia na compreensão
de que tudo é justo e Deus não erra.

• série VIAGEM INTERIOR (1, 2 e 3):
Através de exercícios de meditação mergulhe
dentro de você e descubra a força da sua essência
espiritual e da sabedoria.
Experimente e verá como você pode desfrutar de
saúde, paz e felicidade desde agora.

• TOULOUSE LAUTREC:
Depoimento mediúnico de Toulouse Lautrec, através
do médium Luiz Antonio Gasparetto, em entrevista
a Zita Bressani, diretora da TV Cultura (SP).

• série PRONTO SOCORRO:
Aprenda a lidar melhor com as suas emoções, para conquistar um maior domínio interior.
1. Confrontando o desespero
2. Confrontando as grandes perdas
3. Confrontando a depressão
4. Confrontando o fracasso
5. Confrontando o medo
6. Confrontando a solidão
7. Confrontando as críticas
8. Confrontando a ansiedade
9. Confrontando a vergonha
10. Confrontando a desilusão

• série CALUNGA:
A visão de um espírito, sobre a interligação de dois mundos, abordando temas da vida cotidiana.
1. Tá tudo bão!
2. "Se mexa"
3. Gostar de gostar
4. Prece da solução
5. Semeando a boa vontade
6. Meditação para uma vida melhor
7. A verdade da vida
8. "Tô ni mim"
9. Quem está bem, está no bem.
10. Sentado no bem.

• série PALESTRA
1- A verdadeira arte de ser forte
2- A conquista da luz
3- Pra ter tudo fácil
4- Prosperidade profissional (1)
5- Prosperidade profissional (2)
6- A eternidade de fato
7- A força da palavra
8- Armadilhas do coração
9- Se deixe em paz
10- Se refaça
11- O teu melhor te protege
12- Altos e baixos
13- Sem medo de errar
14- Praticando o poder da luz em família
15- O poder de escolha

PALESTRAS GRAVADAS AO VIVO:

- série PAPOS, TRANSAS & SACAÇÕES
1- Paz emocional
2- Paz social
3- Paz mental
4- Paz espiritual
5- O que fazer com o próprio sofrimento?
6- Segredos da evolução
7- A verdadeira espiritualidade
8- Vencendo a timidez
9- Eu e o silêncio
10- Eu e a segurança
11- Eu e o equilíbrio

- série PALESTRA AO VIVO
1- Caia na real *(fita dupla)*
2- Casamento e liberdade *(fita dupla)*
3- Segredos da auto-estima *(fita dupla)*
4- A vida que eu pedi a Deus *(fita dupla)*

- LUZES
Coletânea de 8 fitas k7. Curso com aulas captadas ao vivo, ministradas através da mediunidade de Gasparetto.
Este é um projeto idealizado pelos espíritos desencarnados que formam no mundo astral, o grupo dos Mensageiros da Luz.

LUIZ ANTONIO GASPARETTO EM CD

Títulos de fitas k7 que já se encontram em CD

- Prosperidade
- Confrontando a ansiedade
- Confrontando a desilusão
- Confrontando a solidão
- Confrontando as críticas

LUIZ ANTONIO GASPARETTO
em vídeo

• SEXTO SENTIDO
Conheça neste vídeo um pouco
do mundo dos mestres da pintura,
que num momento de grande ternura
pela humanidade, resolveram voltar
para mostrar que existe vida além da vida,
através da mediunidade de Gasparetto.

• MACHU PICCHU
Visite com Gasparetto a
cidade perdida dos Incas.

• série VÍDEO & CONSCIÊNCIA
Com muita alegria e arte, Gasparetto
leva até você, numa visão metafísica,
temas que lhe darão a oportunidade de
se conhecer melhor:
O MUNDO DAS AMEBAS
JOGOS DE AUTO-TORTURA
POR DENTRO E POR FORA

ESPAÇO VIDA & CONSCIÊNCIA

Acreditamos que há em você muito mais condições de cuidar de si mesmo do que você possa imaginar, e que seu destino depende de como você usa os potenciais que tem.

Por isso, através de PALESTRAS, CURSOS-SHOW e BODY WORKS, GASPARETTO propõe dentro de uma visão espiritualista moderna, com métodos simples e práticos, mostrar como é fácil ser feliz e produzir um padrão de vida superior ao que você tem. Faz parte também da programação, o projeto VIDA e CONSCIÊNCIA. Este curso é realizado há mais de 15 anos com absoluto sucesso. Composto de 16 aulas, tem por objetivo iniciá-lo no aprendizado de conhecimentos e técnicas que façam de você o seu próprio terapeuta.

Participe conosco desses encontros onde, num clima de descontração e bom humor, aprenderemos juntos a atrair a prosperidade e a paz interior.

Maiores informações:

Rua Salvador Simões, 444 • Ipiranga • São Paulo • SP

CEP 04276-000 • Fone Fax: (11) 5063-2150

Gasparetto

INFORMAÇÕES E VENDAS:

Rua Agostinho Gomes, 2312
Ipiranga • CEP 04206-001
São Paulo • SP • Brasil
Fone / Fax: (11) 6161-2739 / 6161-2670
E-mail: gasparetto@snet.com.br
Site: www.gasparetto.com.br